Buku Ajar Pengantar Filsafat

Dr. Rifqi Khairul Anam, M.Si

GRAFLIT

Buku Ajar Pengantar Filsafat
Penulis
Dr. Rifqi Khairul Anam, M.Si

ISBN
978-634-7411-13-6

Editor
Dwi Susilowati

Penyunting
Dwi Susilowati

Desain Sampul dan Tata Letak
Intan Kirana

Penerbit

Graflit Anagraf Indonesia
Penerbitan dan Penulisan
Palem Merah, J2/06, Tangerang, Banten
@graflit.id
www.graflitin.com
081-317-450-195
IKAPI: No.082/BANTEN/2025

Cetakan pertama, Januari 2026

KATA PENGANTAR

Selamat datang dalam sebuah perjalanan. Buku yang sedang Anda pegang ini bukanlah sebuah peta dengan tujuan akhir yang pasti, melainkan sebuah undangan terbuka untuk memulai penjelajahan. Seringkali, kata "filsafat" terdengar mengintimidasi—abstrak, rumit, dan jauh dari hiruk pikuk kehidupan sehari-hari. Anggapan tersebut adalah kesalahpahaman pertama yang akan kita bongkar bersama. Filsafat, pada intinya, bukanlah tentang menemukan semua jawaban, melainkan tentang keberanian untuk mengajukan pertanyaan-pertanyaan yang paling mendasar, pertanyaan yang mungkin sudah lama bersemayam dalam benak Anda tanpa pernah Anda sadari.

Perjalanan kita akan dimulai dengan membekali diri, bukan dengan teori yang berat, melainkan dengan alat yang paling esensial: kemampuan berpikir kritis. Di tengah dunia yang dibanjiri informasi, klaim yang simpang siur, dan narasi yang saling bertentangan, kemampuan untuk memilah, menganalisis, dan membangun argumen yang kokoh adalah fondasi dari segala pemahaman. Bab-bab awal buku ini dirancang untuk mengasah pikiran Anda, mengubahnya dari sekadar wadah informasi menjadi sebuah kompas yang aktif, yang mampu menavigasi medan realitas yang semakin kompleks dengan lebih jernih dan bertanggung jawab.

Setelah perkakas kita siap, kita akan memperluas cakrawala pandang kita. Filsafat bukanlah monopoli satu peradaban. Oleh karena itu, kita akan berkelana melintasi benua dan zaman, menyusuri jejak-jejak pemikiran dari berbagai tradisi. Kita akan mendengarkan kearifan masyarakat adat yang hidup selaras dengan alam, menyelami pencarian pembebasan dari penderitaan dalam filsafat India, mengejar harmoni dalam pemikiran Tiongkok, serta menyaksikan bagaimana dunia Islam menjadi jembatan krusial antara iman dan akal, melestarikan sekaligus mengembangkan warisan pemikiran universal.

Tentu saja, penjelajahan kita tidak akan lengkap tanpa menapaki kembali fondasi tradisi filsafat Barat. Kita akan kembali ke Yunani Kuno, menyaksikan momen ajaib ketika *mitos* mulai digantikan oleh *logos*—ketika penjelasan supranatural mulai ditantang oleh penalaran rasional. Di sinilah kita akan berkenalan dengan para raksasa pemikiran seperti

Sokrates, Plato, dan Aristoteles, bukan sebagai figur historis yang kaku, melainkan sebagai para arsitek yang meletakkan dasar bagi cara kita berpikir, berdebat, dan mencari kebenaran hingga hari ini.

Dari sana, perjalanan kita akan menanjak menuju puncak-puncak pertanyaan yang paling agung. Kita akan memasuki wilayah metafisika dan epistemologi, di mana kita tidak lagi hanya bertanya tentang dunia di sekitar kita, tetapi juga tentang hakikat dari realitas itu sendiri dan batas dari pengetahuan kita. Apa itu keberadaan? Apa yang bisa kita ketahui dengan pasti? Di sini, kita tidak menjanjikan jawaban yang mudah, tetapi sebuah pergulatan intelektual yang akan memperdalam pemahaman Anda tentang dunia dan tempat Anda di dalamnya.

Setelah memandang ke luar, perjalanan akan berbelok ke dalam diri. Kita akan bergulat dengan pertanyaan tentang nilai, etika, dan estetika. Apa yang membuat hidup ini berharga? Bagaimana kita harus bertindak di dunia ini? Apa itu keindahan dan apa peran seni dalam kehidupan manusia? Bab-bab ini adalah jantung dari dimensi praktis filsafat, di mana pemikiran tidak lagi hanya bertujuan untuk memahami dunia, tetapi juga untuk membimbing tindakan kita dalam menjalani hidup yang lebih baik, lebih adil, dan lebih bermakna.

Selanjutnya, kita akan menyaksikan sebuah pergeseran dramatis dalam sejarah pemikiran: munculnya subjektivitas di era Modern. Kita akan menelusuri bagaimana fokus bergeser dari otoritas eksternal ke akal budi dan pengalaman individu. Pertarungan gagasan antara kaum rasionalis yang memercayai kekuatan pikiran murni dan kaum empiris yang berpegang pada pengalaman indrawi akan membawa kita pada pemahaman tentang bagaimana fondasi kesadaran modern kita—konsep tentang "aku" yang berpikir dan merasa—terbentuk.

Namun, dunia tidak berhenti di sana. Keyakinan modern pada kemajuan dan rasionalitas pada akhirnya memicu gugatan dan kritiknya sendiri. Perjalanan kita akan memasuki era Kontemporer yang dinamis dan seringkali membingungkan. Di sini, kita akan dibekali dengan lensa-lensa baru untuk membaca dunia: hermeneutika untuk menafsirkan lapisan-lapisan makna yang tersembunyi, dan teori kritis sebagai alat untuk membongkar struktur kekuasaan dan ketidakadilan. Ini adalah bukti bahwa filsafat adalah disiplin yang hidup, yang terus berevolusi untuk menjawab tantangan zaman.

Pada akhirnya, tujuan dari keseluruhan sistem buku ajar ini bukanlah untuk mengisi kepala Anda dengan nama, tanggal, dan "-isme". Tujuannya jauh lebih dalam dari itu: untuk memantik sebuah percikan, untuk menumbuhkan sebuah sikap—sikap filosofis. Sikap untuk tidak pernah berhenti bertanya, untuk selalu berani meragukan apa yang tampak sudah pasti, untuk hidup dengan lebih sadar, dan untuk melihat setiap sudut kehidupan sebagai sebuah keajaiban yang layak untuk direnungkan.

Buku ini, dengan demikian, hanyalah sebuah gerbang. Ia adalah titik awal dari sebuah perjalanan yang, jika Anda bersedia, akan berlangsung seumur hidup. Setiap halaman adalah ajakan, setiap pertanyaan adalah dorongan, dan setiap konsep adalah batu loncatan. Semoga buku ini dapat menjadi kawan setia Anda dalam memulai penjelajahan yang paling menantang sekaligus paling memuaskan: perjalanan untuk memahami keberadaan. Selamat bertanya, dan selamat berfilsafat.

DAFTAR ISI

BAB 1: APA ITU FILSAFAT? SEBUAH UNDANGAN UNTUK BERTANYA

Pendahuluan: Dorongan untuk Bertanya

Filsafat bukanlah tentang menemukan semua jawaban; ia adalah tentang keberanian untuk mengajukan *pertanyaan*. Apa *sebenarnya* filsafat itu? Dan mengapa kita perlu memikirkannya dalam kehidupan kita yang praktis dan sibuk? Apakah filsafat hanya milik para cendekiawan di ruang-ruang sunyi, ataukah ia lebih dekat, sesuatu yang lebih... manusiawi? Pertanyaan-pertanyaan ini sendiri adalah pintu gerbang menuju pemahaman yang lebih dalam. Filsafat adalah alat – cara untuk bertanya, mencari makna, dan membangun pemahaman yang lebih kaya tentang dunia dan tempat kita di dalamnya.

Di dunia yang penuh dengan ketidakpastian, filsafat menawarkan semacam kebebasan: kebebasan untuk berpikir secara kritis, untuk menggali di bawah permukaan dari apa yang kita *pikir* kita ketahui. Ia mengajarkan kita untuk tidak begitu saja menerima apa yang dikatakan kepada kita, tetapi untuk terus-menerus bertanya, memeriksa, dan memikirkan kembali segala sesuatu. Filsafat bukan hanya kajian teoretis yang abstrak; ia adalah alat praktis untuk menghadapi tantangan hidup, dari dilema moral hingga pertanyaan tentang *keberadaan* itu sendiri.

1.1 Mengurai Kesalahpahaman tentang Filsafat

Filsafat seringkali dianggap sebagai sesuatu yang rumit, abstrak, dan jauh dari kehidupan sehari-hari. Seolah-olah, filsafat hanya milik para cendekiawan dengan IQ tinggi yang sibuk merenungkan hal-hal yang sulit dipahami. Namun, kenyataannya, filsafat jauh lebih dekat dengan kita daripada yang kita kira. Filsafat bukan sekadar tentang menemukan jawaban pasti, melainkan tentang *keberanian untuk bertanya*. Pertanyaan-pertanyaan filosofis, seperti "Apa arti hidup ini?" atau "Mengapa ada kejahatan?", adalah pertanyaan yang mungkin pernah terlintas dalam benak setiap orang. Lebih dari sekadar kumpulan teori, filsafat adalah sebuah *alat*, sebuah *cara* untuk menggali makna, mempertanyakan asumsi, dan membangun pemahaman yang lebih kaya tentang dunia dan diri kita sendiri (Tartaglia, 2016). Di tengah ketidakpastian, filsafat menawarkan kebebasan berpikir kritis, mengajak kita untuk tidak menerima begitu saja apa yang tampak di permukaan.

Meskipun mungkin baru pertama kali belajar filsafat secara formal, kita sebenarnya sudah sering bersentuhan dengan filsafat dalam kehidupan sehari-hari. Kita mungkin pernah mendengar istilah "filsafat" digunakan untuk merujuk pada teori umum, pandangan hidup, atau bahkan sekadar pendapat seseorang. Orang yang bijaksana atau memiliki pemikiran mendalam seringkali disebut "filosofis". Ada pula anggapan bahwa filsafat itu sulit, rumit, dan hanya untuk orang-orang tertentu. Bahkan, ungkapan yang sulit dipahami kadang-kadang dikomentari dengan sinis, "Wah, sudah berfilsafat pula dia!" Semua ini menunjukkan bahwa filsafat, meskipun sering disalahpahami, sebenarnya hadir dalam berbagai aspek kehidupan kita.

Penting untuk membedakan antara "filsafat" dan "berfilsafat." *Filsafat*, sebagai kata benda, dapat merujuk pada *produk* pemikiran, yaitu sistem ide, konsep, teori, dan argumen yang dihasilkan oleh para filsuf sepanjang sejarah. Ini adalah warisan intelektual yang dapat kita pelajari dan analisis. *Berfilsafat*, di sisi lain, adalah *aktivitas* atau *proses* berpikir itu sendiri. Ini adalah tindakan mempertanyakan, merenungkan, menganalisis, dan mensintesis ide-ide, baik yang berasal dari tradisi filsafat maupun dari pengalaman kita sendiri. Berfilsafat adalah *keterlibatan aktif* dengan pertanyaan-pertanyaan mendasar, bukan sekadar menghafal atau mengulang pemikiran orang lain (Dohn, 2018).

Secara etimologis, filsafat berasal dari kata Yunani "philein" (cinta) dan "sophia" (kebijaksanaan), yang berarti "cinta kebijaksanaan". Para filsuf, dari Plato hingga Bertrand Russell, telah mencoba mendefinisikan filsafat, namun definisinya beragam. Meskipun demikian, ada beberapa ciri utama yang dapat membantu kita mengenali filsafat: *universal* (menyeluruh), *radikal* (mendasar), dan *sistematis*. Filsafat juga seringkali bersifat *deskriptif*, *kritis*, *analitis*, *evaluatif*, dan *spekulatif*. Pertanyaan-pertanyaan filosofis berbeda dari pertanyaan ilmiah biasa. Pertanyaan filosofis tidak terbatas pada bidang ilmu tertentu, sulit dibuktikan secara empiris, memiliki konsekuensi luas bagi pandangan dunia kita, dan bersifat sangat umum. Pertanyaan-pertanyaan ini menantang kita untuk berpikir secara mendalam tentang hakikat realitas, pengetahuan, nilai, dan keberadaan manusia (Smith, 2022).

1.2 Beragam Jalan, Satu Tujuan: Metode-Metode Filsafat

Filsafat bukanlah disiplin ilmu yang monolitik, dengan satu cara pandang yang mutlak. Sebaliknya, filsafat menawarkan *beragam* jalan untuk mendekati pertanyaan-pertanyaan fundamental tentang kehidupan, pengetahuan, nilai, dan realitas. Tidak ada satu metode pun yang dianggap paling "benar" atau unggul secara mutlak. Keragaman pendekatan ini bukanlah kelemahan, melainkan kekuatan yang memungkinkan kita untuk menjelajahi kompleksitas pemikiran manusia dari berbagai sudut pandang. Keberagaman ini mencerminkan sifat dasar dari pertanyaan-pertanyaan filosofis itu sendiri, yang seringkali tidak memiliki jawaban tunggal dan pasti (Laruelle, 2010).

Beberapa metode utama dalam filsafat meliputi *analisis konseptual*, yang berfokus pada klarifikasi makna konsep-konsep kunci seperti "kebebasan" atau "keadilan," memungkinkan kita berpikir lebih jernih. *Penalaran logis* membantu kita menyusun argumen yang kuat dan valid, serta menghindari kesalahan berpikir. *Refleksi fenomenologis* mengajak kita untuk kembali pada pengalaman langsung, memahami dunia sebagaimana kita hayati, tanpa prasangka teoritis. *Hermeneutika*, sebagai seni interpretasi, memungkinkan kita memahami teks-teks dan tindakan-tindakan manusia, mengungkap makna yang tersembunyi. *Metode dialektis* melibatkan dialog dan pertentangan ide untuk mencapai pemahaman yang lebih utuh. Terakhir, *metode kritis* mendorong kita untuk mempertanyakan asumsi, bias, dan struktur kekuasaan yang mungkin memengaruhi pemikiran kita (Williamson, 2022).

Setiap metode filosofis memiliki kekuatan dan keterbatasannya masing-masing. Seringkali, para filsuf menggunakan kombinasi dari berbagai metode ini untuk mencapai pemahaman yang lebih mendalam. Dalam berfilsafat, kita tidak terkekang oleh satu cara berpikir yang kaku. Kita memiliki *kebebasan* untuk memilih dan mengadaptasi metode yang paling sesuai dengan pertanyaan yang sedang kita hadapi. Namun, kebebasan ini datang dengan *tanggung jawab*. Kita harus mampu menjelaskan dan membenarkan pilihan metode kita, serta menyadari keterbatasan-keterbatasan yang mungkin ada. Ini adalah ciri khas dari pendekatan filosofis yang matang: keterbukaan terhadap berbagai kemungkinan, namun tetap kritis dan bertanggung jawab (Jones & Idol, 2013).

1.3 Socrates: Sang Penanya yang Tak Kenal Lelah

Salah satu tokoh sentral dalam sejarah filsafat, Plato, bergulat dengan pertanyaan-pertanyaan mendasar tentang hakikat realitas, kebenaran, dan peran seorang filsuf. Pemikirannya, yang banyak memengaruhi tradisi filosofis setelahnya, dapat kita lihat dalam "Alegori Gua" yang terkenal (dalam karyanya, *Republik*). Alegori Gua Plato, yang terdapat dalam karyanya, *Republik*, bukan hanya sekadar perumpamaan tentang hakikat realitas, tetapi juga tentang peran filsafat, dan khususnya, perbedaan antara pendekatan Socrates dan kaum sofis (Ristyantoro, 2018).

Bayangkan sekelompok orang yang terkurung dalam gua sejak lahir. Mereka dirantai, hanya bisa melihat dinding gua di hadapan mereka. Di belakang mereka, ada api unggun, dan di antara api dan para tahanan, ada orang-orang yang membawa berbagai benda, yang bayangannya terpantul di dinding gua. Bagi para tahanan, bayangan-bayangan inilah realitas; mereka tidak tahu apa-apa tentang dunia di luar gua (Hall, 1980).

Sekarang, bayangkan salah satu tahanan berhasil melepaskan diri. Awalnya, ia akan silau oleh cahaya api, dan merasa sakit dan bingung. Namun, perlahan-lahan, ia mulai terbiasa. Ia melihat benda-benda yang sebelumnya hanya ia lihat sebagai bayangan. Akhirnya, ia keluar dari gua dan melihat matahari, sumber segala cahaya dan kehidupan. Ia menyadari bahwa apa yang selama ini ia anggap sebagai realitas hanyalah ilusi belaka (Hall, 1980).

Tahanan yang bebas ini adalah gambaran seorang filsuf, seperti Socrates. Socrates tidak mengklaim memiliki semua jawaban. Ia justru terus-menerus mempertanyakan keyakinan orang-orang di sekitarnya, mendorong mereka untuk berpikir lebih dalam. Ia menggunakan metode dialog, yang dikenal sebagai *elenchos* atau metode Socrates, untuk menguji pandangan orang lain, mengungkap kontradiksi, dan mencari definisi yang lebih tepat tentang konsep-konsep penting seperti keadilan, kebenaran, dan kebaikan (Ahbel-Rappe & Kamtekar, 2005).

Socrates, seperti tahanan yang keluar dari gua, berusaha melihat "cahaya" kebenaran, melampaui bayangan-bayangan opini dan keyakinan yang tidak teruji. Ia tidak memberikan jawaban langsung, melainkan membimbing orang lain untuk menemukan kebenaran itu sendiri. Ia bagaikan "bidan" yang membantu melahirkan pengetahuan, bukan memberikannya begitu saja (Ferguson, 1922).

Kaum sofis, di sisi lain, dapat diibaratkan seperti orang-orang yang membawa benda-benda di dalam gua. Mereka ahli dalam retorika dan persuasi. Mereka menggunakan retorika, yang dalam konteks ini dapat dipahami sebagai keahlian dalam berbicara dan berdebat, untuk meyakinkan orang lain, seringkali tanpa memedulikan apakah argumen mereka benar atau salah. Fokus utama mereka adalah pada *bentuk* penyampaian, agar terlihat meyakinkan, bukan pada *isi* atau substansi kebenaran. Dalam alegori gua, kaum sofis tidak berusaha membawa orang keluar menuju cahaya, melainkan mempertahankan ilusi dengan permainan kata-kata yang indah (Heidegger, 2003).

Socrates, dengan metode dialognya, justru berusaha menuntun orang keluar dari "gua" ketidaktahuan, menuju pemahaman yang lebih tinggi. Ia mempertanyakan asumsi-asumsi yang diterima begitu saja, dan mendorong orang untuk berpikir secara kritis dan mandiri. Ia tidak tertarik untuk "menjual" pengetahuan, melainkan untuk bersama-sama mencari kebenaran (Heidegger, 2003).

Alegori Gua juga merupakan cerminan dari nasib Socrates, guru Plato. Socrates, dengan pertanyaan-pertanyaan kritisnya yang tak kenal lelah, dianggap sebagai ancaman bagi kemapanan dan akhirnya dihukum mati. Ini menegaskan bahwa seorang filsuf sejati tidak hanya berdiam diri dalam perenungan, tetapi juga terlibat aktif dalam masyarakat, mempertanyakan apa yang dianggap sudah pasti oleh orang lain (Heidegger, 2003).

Kematian Socrates, yang dihukum mati karena dianggap merusak pikiran kaum muda dan tidak menghormati dewa-dewa, adalah cerminan dari risiko yang dihadapi oleh seorang filsuf yang berani menantang status quo. Itulah, perbedaan mendasar antara Socrates dan kaum sofis terletak pada tujuan mereka. Perbedaan penting antara pendekatan seorang filsuf dan kaum sofis. Kaum sofis adalah para ahli pidato yang menggunakan retorika untuk meyakinkan orang lain, seringkali tanpa memedulikan kebenaran substansial. Mereka ahli dalam seni retorika, memfokuskan pada bentuk argumen agar terdengar logis dan persuasif, tanpa terlalu memperhatikan isi atau kebenarannya. Mereka, dalam arti tertentu, "menjual" pengetahuan, lebih mengutamakan kemampuan meyakinkan daripada pemahaman yang mendalam (Sedley, 2009).

Socrates, di sisi lain, menggunakan dialog (*legein*) sebagai metode untuk menggali kebenaran. Ia terlibat dalam percakapan yang tulus, berusaha memahami esensi dari segala sesuatu bersama dengan lawan bicaranya. Tujuan utamanya bukanlah memenangkan perdebatan, melainkan mencapai pemahaman bersama melalui tanya jawab. Socrates, dengan kerendahan hatinya, selalu merasa seperti seorang anak kecil yang terus-menerus haus akan pengetahuan, selalu siap untuk mempertanyakan dan mempelajari kembali bahkan apa yang ia pikir sudah ia ketahui (Seeskin, 1984).

1.4 Mendefinisikan Filsafat: Sebuah Perdebatan yang Tak Kunjung Usai

Pertanyaan abadi, "Apakah filsafat itu?" terus bergema sepanjang zaman, memancing jawaban yang tak terhitung banyaknya, sebanyak jumlah para pemikir yang mencoba merumuskannya. Alih-alih menawarkan satu definisi tunggal yang membatasi, lebih tepat jika kita melihat filsafat sebagai sebuah proses, sebuah dialog tanpa akhir, sebuah pergulatan intelektual yang terus-menerus mencari makna. Justru dalam ketidaksepakatan tentang definisinya, filsafat menemukan daya hidupnya. Dengan mempertanyakan hakikat filsafat itu sendiri, kita sesungguhnya telah melangkah masuk ke dalam lingkaran pemikiran filosofis (Deleuze, 1991).

Mari kita telusuri sejenak jejak pemikiran beberapa tokoh besar. Plato, sang guru dari Yunani kuno, memandang filsafat sebagai penjelajahan menuju hakikat terdalam, sebuah pendakian dari dunia bayang-bayang menuju realitas Bentuk-Bentuk yang abadi. Aristoteles, muridnya yang brilian, melihat filsafat sebagai penyelidikan sistematis tentang kebenaran, yang meliputi berbagai bidang, dari logika hingga etika. Melompat ke era modern, Bertrand Russell menggambarkan filsafat sebagai usaha kritis untuk menjawab pertanyaan-pertanyaan paling mendasar, bukan dengan jawaban dogmatis, melainkan dengan menguji asumsi-asumsi, membongkar kekaburan, dan membuka jalan bagi pemahaman yang lebih jernih. R. Beerling menekankan kebebasan berpikir sebagai jantung filsafat, sebuah penjelajahan intelektual yang tak kenal batas. Karl Popper menyoroti pentingnya sikap kritis dalam berfilsafat: menguji segala pandangan, termasuk pandangan kita sendiri. Sementara Immanuel Kant merumuskan filsafat sebagai penyelidikan tentang batas-batas pengetahuan manusia, yang terangkum dalam empat pertanyaan abadi: Apa yang dapat kita ketahui? Apa yang seharusnya kita lakukan? Apa yang boleh kita harapkan? dan Siapakah manusia itu? (Deleuze, 1991).

Perhatikanlah keberagaman yang luar biasa ini! Definisi filsafat berubah-ubah, berkembang, dan saling berdialog. Ada yang menekankan pada pencarian kebenaran, ada yang pada metode kritis, ada pula yang pada pertanyaan-pertanyaan eksistensial. Ini menunjukkan bahwa filsafat bukanlah sebuah bangunan yang kokoh dan tak tergoyahkan, melainkan sebuah ruang yang dinamis, terbuka, dan mengundang kita untuk terlibat di dalamnya. Jangan biarkan keragaman ini membuat Anda gentar. Justru kebingungan adalah pintu gerbang menuju pemahaman yang lebih mendalam.

Daripada terjebak dalam perdebatan tentang definisi, lebih baik kita mengenali filsafat melalui ciri-cirinya yang khas. Ciri-ciri ini adalah benang merah yang menyatukan berbagai aliran dan pemikiran, meskipun bentuk dan isinya bisa sangat berbeda. Filsafat bersifat universal, menjangkau seluruh pengalaman manusia, tidak hanya terpaku pada aspek-aspek tertentu. Filsafat bersifat radikal, menggali hingga ke akar-akar permasalahan, tidak puas dengan jawaban yang dangkal. Filsafat bersifat sistematis, berusaha membangun pemikiran yang koheren dan terstruktur, meskipun seringkali spekulatif. Filsafat juga bersifat deskriptif, berusaha menggambarkan realitas sebagaimana adanya, tanpa prasangka. Ia bersifat kritis, selalu mempertanyakan dan menguji segala sesuatu. Ia bersifat analitis, mengurai konsep-konsep yang rumit menjadi bagian-bagian yang lebih mudah dipahami. Ia bersifat evaluatif, tidak hanya memahami dunia, tetapi juga menilainya, mencari apa yang baik, benar, dan adil. Dan akhirnya, filsafat bersifat spekulatif, berani melampaui apa yang diketahui secara empiris, membuka kemungkinan-kemungkinan baru (Williamson, 2022).

Penting untuk diingat, ciri-ciri ini tidak selalu hadir bersamaan dalam setiap pemikiran filosofis. Namun, ciri-ciri ini memberikan petunjuk tentang hakikat dan tujuan filsafat. Filsafat bukanlah sekadar latihan intelektual yang terpisah dari kehidupan. Sebaliknya, filsafat memiliki dampak yang nyata pada cara kita berpikir, bertindak, dan menjalani hidup. Dengan berfilsafat, kita belajar untuk hidup secara lebih sadar, lebih kritis, dan lebih bertanggung jawab (Williamson, 2022).

1.5 Filsafat Kontemporer: Berpikir di Dunia yang Berubah

Filsafat bukanlah sesuatu yang statis, terhenti di masa lalu, atau hanya terbatas pada pemikiran para filsuf kuno seperti Socrates dan Plato. Seiring berjalannya waktu, dan seiring dengan perubahan dalam masyarakat, politik, serta kemajuan ilmu pengetahuan, filsafat terus berevolusi. Berbagai aliran pemikiran baru terus bermunculan, masing-masing menawarkan perspektif unik dalam menghadapi tantangan-tantangan yang dihadapi dunia modern. Ini menunjukkan bahwa filsafat adalah bidang yang dinamis dan responsif terhadap perubahan zaman (Appiah, 2003).

Beberapa arus utama dalam filsafat kontemporer memberikan cara pandang yang beragam. Fenomenologi, yang dipelopori oleh

Edmund Husserl, mengajak kita untuk kembali pada pengalaman langsung, mengamati fenomena sebagaimana adanya. Eksistensialisme, dengan tokoh-tokoh seperti Jean-Paul Sartre dan Simone de Beauvoir, menekankan kebebasan, tanggung jawab, dan pencarian makna dalam kehidupan. Pragmatisme, yang diwakili oleh William James dan John Dewey, berfokus pada konsekuensi praktis dari ide-ide. Postmodernisme, dengan tokoh-tokoh seperti Jacques Derrida dan Michel Foucault, bersikap kritis terhadap narasi-narasi besar dan struktur kekuasaan. Filsafat Analitik, yang dipengaruhi oleh Ludwig Wittgenstein, menekankan kejelasan bahasa dan logika (Solomon, 2010).

Selain aliran-aliran utama tersebut, Teori Kritis hadir sebagai kritik atas kuasa, berupaya memahami dan membongkar struktur kekuasaan dalam masyarakat. Semua aliran ini, dan banyak lagi yang tidak disebutkan, adalah bukti bahwa filsafat terus berkembang. Perdebatan dan gagasan baru terus bermunculan, mencerminkan kompleksitas dan perubahan zaman yang tak pernah berhenti. Filsafat, dengan demikian, tetap relevan dalam membantu kita memahami dunia dan diri kita sendiri, serta dalam menghadapi tantangan-tantangan baru yang terus muncul (Solomon, 2010).

Rangkuman

Bab ini telah berfungsi sebagai pengantar ke dunia filsafat yang luas dan seringkali menantang. Kita telah mengeksplorasi ide-ide kunci berikut:

- Filsafat bukanlah kumpulan teori-teori yang tidak jelas, tetapi aktivitas manusia yang fundamental. Ini tentang mengajukan pertanyaan mendalam tentang diri kita, dunia kita, dan tempat kita di dalamnya.
- Filsafat adalah tentang *mempertanyakan*, bukan hanya menerima. Ini mendorong pemikiran kritis dan evaluasi ulang yang konstan atas keyakinan kita.
- Ada banyak cara untuk "melakukan" filsafat. Metode yang berbeda, seperti analisis konseptual, penalaran logis, dan

refleksi fenomenologis, menawarkan jalan yang berbeda menuju pemahaman.

- Socrates mewujudkan semangat filosofis. Pertanyaan tanpa henti dan komitmennya terhadap kebenaran, bahkan dalam menghadapi kematian, menjadi inspirasi.
- Filsafat adalah percakapan yang berkelanjutan. Itu telah berevolusi sepanjang sejarah, dan gerakan filosofis kontemporer terus bergulat dengan pertanyaan-pertanyaan mendasar dengan cara-cara baru.
- Plato, tokoh kunci, percaya bahwa apa yang dilihat bergantung pada konsep atau esensi dari suatu ide.

Daftar Istilah Kunci :

- **Filsafat:** Aktivitas berpikir kritis dan reflektif tentang pertanyaan-pertanyaan mendasar mengenai keberadaan, pengetahuan, nilai, akal budi, pikiran, dan bahasa. Secara harfiah berarti "cinta kebijaksanaan" (dari bahasa Yunani *philein* dan *sophia*).
- **Berfilsafat:** *Proses* atau *aktivitas* berpikir secara filosofis; tindakan mempertanyakan, merenungkan, menganalisis, dan mensintesis ide-ide.
- **Miskonsepsi:** Pemahaman atau keyakinan yang salah atau keliru.
- **Analisis Konseptual:** Metode filosofis yang berfokus pada klarifikasi dan definisi konsep-konsep.
- **Logika:** Studi tentang prinsip-prinsip penalaran yang valid dan inferensi yang benar.
- **Argumen:** Serangkaian pernyataan (premis) yang dimaksudkan untuk mendukung pernyataan lain (kesimpulan).
- **Premis:** Pernyataan yang diberikan sebagai alasan atau bukti untuk mendukung kesimpulan.
- **Kesimpulan:** Pernyataan yang didukung oleh premis-premis dalam sebuah argumen.
- **Validitas:** Sifat argumen deduktif di mana, *jika* premis-premisnya benar, maka kesimpulannya *pasti* benar. (Hanya tentang *struktur* argumen, bukan kebenaran isi).

- **Kekuatan (Soundness):** Sifat argumen yang *valid* dan memiliki *premis-premis yang benar*.
- **Fenomenologi:** Aliran filsafat yang menekankan studi tentang pengalaman langsung dan kesadaran.
- **Eksistensialisme:** Aliran filsafat yang menekankan kebebasan, tanggung jawab, dan pencarian makna individu dalam kehidupan.
- **Pragmatisme:** Aliran filsafat yang menekankan konsekuensi praktis dari keyakinan dan tindakan.
- **Postmodernisme:** Aliran filsafat yang kritis terhadap gagasan tentang kebenaran objektif, rasionalitas universal, dan narasi-narasi besar.
- **Filsafat Analitik:** Aliran filsafat yang menekankan kejelasan bahasa dan analisis logis.
- **Teori Kritis:** Pendekatan filosofis yang bertujuan untuk memahami dan mengkritik struktur kekuasaan dalam masyarakat.
- **Hermeneutika:** Teori dan praktik interpretasi, terutama interpretasi teks.
- **Dialektika:** Metode penyelidikan yang melibatkan pertentangan ide atau sudut pandang untuk mencapai pemahaman yang lebih tinggi.
- **Metode Kritis:** Pendekatan filosofis yang menekankan pentingnya mempertanyakan asumsi dan prasangka.
- **Metode Socrates (Elenchos):** Metode tanya jawab yang digunakan Socrates untuk menguji keyakinan dan mengungkap kontradiksi.
- **Alegori Gua:** Perumpamaan yang digunakan Plato untuk menggambarkan perjalanan menuju pengetahuan sejati.
- **Sofis:** Kelompok pemikir di Yunani kuno yang ahli dalam retorika dan persuasi, tetapi sering dikritik karena kurang mementingkan kebenaran substansial.

Bacaan Lebih Lanjut:

- Heidegger, M. (2010a). *Being and Truth* (G. Fried & R. Polt, Penerj.). Indiana University Press. (Karya asli diterbitkan 1933-1934)

- Heidegger, M. (1997). *Plato's Sophist* (R. Rojcewicz & A. Schuwer, Penerj.). Indiana University Press. (Karya asli diterbitkan 1924-1925)
- Heidegger, M. (1977). *The Question Concerning Technology and Other Essays* (W. Lovitt, Penerj.). Harper & Row. (Karya asli diterbitkan 1954)

Pertanyaan Ulasan

1. Apa saja kesalahpahaman umum tentang filsafat?
2. Jelaskan perbedaan antara "filsafat" dan "berfilsafat".
3. Sebutkan dan jelaskan tiga ciri utama filsafat.
4. Berikan contoh satu metode filosofis dan jelaskan bagaimana metode itu dapat digunakan.
5. Mengapa Socrates dianggap sebagai teladan bagi para filsuf?
6. Apa perbedaan utama antara Socrates dan kaum sofis?

BAB 2: BERPIKIR KRITIS: ALAT UNTUK MENJELAJAHI KEBERADAAN

2.1 Pendahuluan: Kompleksitas Dunia Digital

Di era digital ini, kita dihadapkan pada apa yang sering diibaratkan sebagai "tsunami informasi". Berita, opini, argumen, dan klaim-klaim dari berbagai sumber bersaing untuk mendapatkan perhatian dan kepercayaan kita, namun tidak semuanya akurat, bermanfaat, atau bahkan jujur. Dalam kondisi seperti inilah, berpikir kritis menjadi semakin krusial. Berpikir kritis bukanlah sekadar kemampuan untuk berpikir negatif atau mencari-cari kesalahan. Ia adalah *alat* yang sangat penting untuk *menjelajahi* dunia yang kompleks, khususnya realitas digital yang seringkali kacau. Ia membantu kita *memahami* informasi dengan *jernih*, *membedakan* kebenaran dari kepalsuan, dan *membuat pilihan* yang *bermakna*. Berpikir kritis adalah *jembatan* yang menghubungkan *pikiran* kita dengan *realitas*, sebuah *pola pikir* yang mendorong kita untuk *berefleksi*, *mempertanyakan asumsi*, dan *berupaya memahami* penalaran di balik setiap ide.

2.2 Otak Kita: Mesin Penafsir yang Aktif

Untuk memahami pentingnya berpikir kritis, kita perlu memahami cara kerja pikiran kita. Otak kita bukanlah penerima informasi yang pasif; ia adalah *mesin penafsir* yang *aktif*. Otak terus-menerus memproses informasi, membuat kesimpulan, dan membentuk keyakinan berdasarkan pengalaman, pengetahuan, dan prasangka. Otak menggunakan pola dan pengalaman masa lalu untuk memprediksi masa depan dan memahami situasi saat ini. Kemampuan untuk membuat inferensi dan menarik kesimpulan ini sangat penting, tetapi juga memiliki kelemahan. Proses ini seringkali terjadi secara otomatis dan tidak disadari. Kita mengandalkan heuristik, atau jalan pintas mental, untuk menyederhanakan informasi dan membuat keputusan dengan cepat. Misalnya, kita mungkin lebih percaya pada informasi yang mudah diingat (*availability heuristic*), atau terlalu terpaku pada informasi awal yang kita terima (*anchoring bias*). Meskipun heuristik ini seringkali berguna untuk efisiensi, mereka juga bisa menyesatkan karena tidak selalu rasional atau akurat (Kamii, 1991).

2.3 Bias Kognitif: Menyingkap Topeng Pikiran di Era Digital

Selain sebagai mesin penafsir, pikiran kita juga rentan terhadap bias kognitif. Bias ini adalah pola pikir yang menyimpang dari penalaran logis, dan seringkali bekerja secara halus tanpa kita sadari. Bias kognitif memengaruhi cara kita memproses informasi, membuat keputusan, dan membentuk keyakinan, dan di era digital, bias ini dapat diperkuat atau dimanfaatkan. Beberapa bias kognitif yang umum antara lain bias konfirmasi, di mana kita cenderung mencari, menafsirkan, dan mengingat informasi yang hanya mendukung keyakinan kita, menciptakan "ruang gema" di dunia maya. Ada pula bias jangkar, yang membuat kita terlalu terpaku pada informasi pertama, bahkan jika tidak relevan, yang dapat memengaruhi penilaian, misalnya saat melihat harga diskon. Heuristik ketersediaan membuat kita menilai kemungkinan peristiwa berdasarkan kemudahan mengingat contohnya, sehingga kita cenderung melebih-lebihkan risiko yang jarang tapi dramatis, seperti yang sering diberitakan media. Efek pembingkaian memengaruhi kita melalui cara informasi disajikan, yang dapat memanipulasi pilihan, bahkan ketika isi informasinya sama, seperti dalam kasus clickbait atau framing berita yang tendensius. Menyadari keberadaan bias-bias ini adalah langkah krusial untuk mengatasinya. Sebagai individu yang berpikir, kita memiliki tanggung jawab untuk terus-menerus memeriksa cara berpikir kita dan menantang asumsi-asumsi kita sendiri. Dengan memahami bagaimana pikiran kita cenderung menyimpang, kita dapat berusaha untuk lebih berhati-hati, terbuka, dan kritis, terutama dalam berinteraksi dengan informasi di dunia maya (Van Cleave, 2016).

2.4 Membangun Kebiasaan Berpikir Kritis

Berpikir kritis bukanlah kemampuan bawaan, melainkan keterampilan yang perlu dilatih dan dikembangkan, seperti otot yang membutuhkan latihan. Mengembangkan kebiasaan berpikir kritis akan membantu kita menjadi pribadi yang lebih baik dan membuat keputusan yang lebih bijaksana di dunia yang penuh ketidakpastian ini. Beberapa kebiasaan berpikir kritis yang fundamental meliputi keterbukaan pikiran, yaitu kesediaan untuk mempertimbangkan ide-ide baru dan perspektif yang berbeda, bahkan jika bertentangan dengan keyakinan kita. Ini bukan berarti menerima semua informasi tanpa kritik, melainkan kemauan untuk mendengarkan, memahami, dan mengevaluasi ide-ide tersebut secara objektif. Kerendahan hati intelektual adalah kesadaran akan keterbatasan pengetahuan kita sendiri, pengakuan bahwa kita tidak tahu segalanya dan bisa saja salah. Ini membuka ruang untuk belajar, berkembang, dan memperbaiki pemahaman kita. Keberanian intelektual adalah keberanian untuk mempertanyakan asumsi, bahkan yang paling mendasar sekalipun, menghadapi ketidakpastian, dan menantang status quo, meskipun itu tidak nyaman atau tidak populer. Ketekunan intelektual adalah sikap untuk tidak mudah menyerah dalam mencari pemahaman, terus bertanya, meneliti, dan merenung hingga kita mencapai pemahaman yang memuaskan. Empati intelektual adalah kemampuan untuk memahami pikiran dan sudut pandang orang lain, bahkan jika kita tidak setuju dengan mereka, yang merupakan kunci untuk dialog yang konstruktif, terutama dalam interaksi di media sosial (Van Cleave, 2016).

2.5 Menavigasi Tsunami Informasi: Mengevaluasi Sumber di Era Digital

Di era digital, dengan arus informasi yang tak henti-hentinya, kemampuan untuk menavigasi lautan informasi ini menjadi sangat penting. Tidak semua informasi yang kita temui itu benar, bermanfaat, atau jujur. Oleh karena itu, kita perlu mengevaluasi sumber informasi dengan cermat. Langkah pertama dan krusial adalah memeriksa kredibilitas sumber. Siapa penulisnya? Apa latar belakangnya? Apakah ia ahli di bidangnya? Apakah sumbernya dapat dipercaya (misalnya, universitas, lembaga penelitian, organisasi pemerintah)? Kita perlu memeriksa afiliasi, reputasi, dan potensi konflik kepentingan. Jangan hanya melihat nama domain (misalnya, .edu, .gov), tetapi selidiki lebih dalam. Selain kredibilitas, kita juga perlu mempertimbangkan tujuan informasi. Mengapa informasi itu dibuat? Apakah untuk menginformasikan, membujuk, menghibur, menjual sesuatu, atau bahkan memanipulasi? Apakah ada agenda tersembunyi? Perhatikan latar belakang penulis, sumber pendanaan, nada, dan bahasa yang digunakan. Waspadai bias media, baik itu bias politik, komersial, atau ideologis. Landasan bukti juga sangat penting. Carilah bukti yang kuat dan relevan untuk mendukung klaim yang dibuat. Sumber yang kredibel secara transparan menunjukkan dasar klaim mereka melalui kutipan, referensi, dan deskripsi metodologi. Telusuri dan verifikasi bukti secara independen, dan bandingkan dengan sumber lain. Jangan hanya percaya pada satu sumber. Bedakan antara fakta (yang dapat dibuktikan) dan opini (pandangan pribadi). Perhatikan bahasa; kata-kata seperti "terbaik," "seharusnya," atau prediksi seringkali merupakan opini. Di internet, batas antara fakta dan opini seringkali kabur, sehingga kewaspadaan ekstra diperlukan. Waspadai bias dan teknik persuasi yang digunakan. Setiap orang memiliki bias, dan kita perlu mengidentifikasi bias yang mungkin memengaruhi penyajian informasi. Kenali teknik persuasi, seperti daya tarik emosional, penggunaan data yang selektif, atau bahasa yang manipulatif. Untuk mempermudah proses evaluasi, kita dapat menggunakan kerangka kerja yang terstruktur, seperti CRAAP Test (Currency, Relevance, Authority, Accuracy, Purpose), SIFT Method (Stop, Investigate the source, Find trusted coverage, Trace claims), 5 Ws (Who, What, Where, Why, How), SMART Check (Source, Motive, Authority, Review, Two-source test), PROVEN (Purpose, Relevance, Objectivity, Verifiability, Expertise, Newness), atau RADAR (Rationale, Authority, Date, Accuracy, Relevance). Pilih kerangka kerja yang sesuai dengan kebutuhan (Stebbins, 2005).

2.6 Menulis Filsafat dan Teks Kompleks: Membaca, Memahami, dan Mengartikulasikan Pikiran

Teks-teks filsafat, dan teks akademis kompleks lainnya, seringkali terlihat menantang. Namun, dengan pendekatan yang tepat, kita dapat membuka kekayaan pemikiran yang terkandung di dalamnya. Membaca aktif sangat penting: catat, garis bawahi, buat pertanyaan, dan libatkan diri secara aktif dengan teks. Pahami konteksnya: siapa penulisnya, kapan dan di mana teks itu ditulis, dan apa latar belakang pemikirannya. Identifikasi dan evaluasi argumen utama: temukan klaim utama penulis dan alasan-alasan yang mendukungnya, perhatikan struktur argumennya, dan pertanyakan apakah argumennya meyakinkan atau memiliki kelemahan. Teks-teks kompleks seringkali membutuhkan pembacaan berulang, jadi jangan berkecil hati jika Anda tidak langsung paham (Stebbins, 2005).

Menulis esai filsafat, atau mengkomunikasikan ide-ide kompleks secara umum, adalah latihan berpikir kritis yang sangat baik. Esai filsafat menuntut kita untuk mengartikulasikan ide-ide kita dengan jelas, koheren, dan meyakinkan. Ia bukan sekadar laporan opini, melainkan pembelaan beralasan terhadap suatu klaim spesifik (tesis), atau eksplorasi mendalam terhadap suatu pertanyaan filosofis. Langkah pertama adalah memilih topik yang tepat: pilih yang benar-benar Anda minati, yang sudah Anda pahami sedikit, atau yang sangat ingin Anda pelajari. Persempit topik menjadi pertanyaan yang spesifik dan terfokus, dan pastikan ada sumber yang cukup untuk mendukung analisis Anda. Pertimbangkan topik yang berhubungan dengan materi kuliah, jelajahi berbagai cabang filsafat, dan hubungkan dengan isu-isu kontemporer atau refleksi pribadi. Pastikan tesis Anda dapat diperdebatkan, bukan pernyataan yang sudah jelas benar (Stebbins, 2005).

Setelah memilih topik, susun kerangka yang logis. Kerangka adalah peta jalan esai Anda, membantu mengorganisasi ide dan memastikan alur yang logis. Mulailah dengan brainstorming, lalu susun ide-ide secara logis, lakukan penelitian awal, dan rencanakan urutan penyajian argumen, definisi, dan sanggahan. Struktur umum kerangka meliputi pendahuluan (dengan topik dan tesis), paragraf isi (setiap paragraf berisi satu alasan utama yang mendukung tesis, dengan bukti dan penjelasan), sanggahan (antisipasi dan jawab keberatan terhadap argumen Anda), kesimpulan (rangkum argumen, nyatakan kembali tesis dengan penekanan baru, berikan refleksi akhir), dan bibliografi (daftar sumber). Pendahuluan harus menarik perhatian, memberikan konteks, menyatakan tesis dengan jelas, dan memberikan gambaran singkat tentang struktur esai. Hindari pernyataan pembuka yang hambar, bahasa yang berlebihan, atau klaim yang terlalu ambisius (Stebbins, 2005).

Inti dari esai filsafat adalah pengembangan argumen yang kuat dan meyakinkan. Argumen harus memiliki struktur yang jelas: premis (asumsi atau titik awal), kesimpulan (klaim yang ingin dibuktikan), dan penjelasan bagaimana premis secara logis mengarah ke kesimpulan. Pastikan argumen Anda valid (kesimpulan mengikuti premis) dan benar (valid dan semua premis benar). Gunakan penalaran deduktif (bergerak dari prinsip umum ke kesimpulan spesifik). Kembangkan argumen Anda dengan memberikan alasan dan bukti yang kuat. Jenis bukti dalam filsafat meliputi analisis tekstual (interpretasi dan penjelasan teks filosofis), contoh (ilustrasi konkret dari konsep abstrak), dan argumentasi beralasan (logika dan pemikiran kritis). Gunakan bukti tekstual secara efektif dengan interpretasi yang bijaksana, kutipan yang strategis, referensi yang jelas, dan penjelasan yang menyeluruh. Gunakan contoh untuk mengklarifikasi ide abstrak dan memperkuat argumen. Pastikan argumentasi Anda beralasan: premis mendukung kesimpulan, hindari daya tarik emosional atau bias pribadi, dan setiap pernyataan harus dapat dipertahankan (C. Taylor, 1997).

Sertakan bagian untuk mengatasi dan menanggapi keberatan (sanggahan). Ini menunjukkan kedewasaan intelektual dan memperkuat argumen Anda. Antisipasi keberatan, tempatkan diri Anda pada posisi lawan, dan cari umpan balik dari orang lain. Tanggapi sanggahan dengan menyanggahnya (menunjukkan mengapa salah atau tidak relevan) atau mengakui validitasnya sambil menunjukkan bahwa tesis Anda tetap berlaku. Jika menulis tentang seorang filsuf tertentu, pertimbangkan bagaimana mereka akan menanggapi. Sajikan dan jawab sanggahan dengan jelas, kredibel, dan adil. Hindari argumen orang-orangan sawah, serangan *ad hominem*, atau salah representasi (C. Taylor, 1997).

Kesimpulan harus memberikan rasa penutup yang memuaskan. Rangkum argumen utama, nyatakan kembali tesis dengan penekanan baru, dan tawarkan refleksi akhir tentang implikasi atau signifikansi argumen Anda. Hindari mengulangi pendahuluan kata demi kata, memperkenalkan materi baru, bersikap apologetis atau tidak pasti, atau membuat klaim yang terlalu besar. Gunakan bahasa filosofis yang efektif: jelas, ringkas, dan tepat. Hindari jargon yang tidak perlu, bahasa teknis yang berlebihan, kompleksitas yang tidak perlu, sinonim atau metafora yang tidak tepat, dan istilah teknis hanya demi terdengar akademis. Definisikan istilah filosofis atau konsep kunci dengan jelas, dan gunakan istilah yang sama untuk konsep yang sama sepanjang esai. Kutip semua sumber dengan benar untuk memberikan kredit dan menghindari plagiarisme. Ikuti gaya kutipan yang ditentukan (MLA, Chicago, APA), gunakan referensi dalam kurung, catatan kaki, atau catatan akhir sesuai kebutuhan, dan selalu sertakan bibliografi atau daftar pustaka (C. Taylor, 1997).

Terakhir, revisi dan edit esai Anda secara menyeluruh. Ini adalah tahap penting untuk memastikan kejelasan, koherensi, dan akurasi. Fokus pada tesis, alur logis, bukti, sanggahan, bahasa, tata bahasa, ejaan, tanda baca, dan kutipan. Mintalah orang lain membaca esai Anda untuk mendapatkan umpan balik. Beri waktu yang cukup untuk proses revisi (C. Taylor, 1997).

Rangkuman

Menulis esai filsafat, dan secara umum, terlibat dalam pemikiran dan komunikasi filosofis, adalah proses iteratif. Ia melibatkan: pemilihan topik yang tepat, penyusunan argumen yang logis, pengembangan ide yang cermat, penggunaan bahasa yang jelas dan tepat, pengutipan sumber yang benar, dan revisi serta pengeditan yang teliti. Dengan menguasai keterampilan ini, Anda tidak hanya akan menghasilkan karya filosofis yang berkualitas, tetapi juga memperdalam kemampuan berpikir kritis Anda – keterampilan yang sangat berharga dalam semua aspek kehidupan. Berpikir kritis membantu kita memahami cara kerja pikiran, mengenali bias, mengembangkan kebiasaan berpikir yang sehat, mengevaluasi informasi, serta membaca dan menulis dengan lebih baik. Ia adalah alat yang sangat berdaya untuk menjelajahi keberadaan kita di dunia yang semakin kompleks dan penuh informasi ini.

Istilah Kunci:

- **Berpikir Kritis:** Proses menganalisis, mengevaluasi, dan menafsirkan informasi secara objektif dan rasional, mempertanyakan asumsi, dan mempertimbangkan berbagai perspektif.
- **Heuristik:** Aturan praktis atau jalan pintas mental yang digunakan dalam pengambilan keputusan dan pemecahan masalah, yang, meskipun tidak selalu menghasilkan solusi optimal, seringkali cukup efektif dan efisien. Pemahaman

tentang heuristik dan potensi biasnya merupakan bagian penting dari berpikir kritis.

- **Bias Kognitif:** Pola pikir yang menyimpang dari logika, seringkali tanpa disadari, yang memengaruhi cara kita memproses informasi.
- **Bias Konfirmasi:** Kecenderungan untuk mencari, menafsirkan, dan mengingat informasi yang hanya mendukung keyakinan yang sudah ada.
- **Bias Jangkar (*Anchoring Bias*):** Kecenderungan untuk terlalu terpaku pada informasi pertama yang diterima, bahkan jika tidak relevan.
- **Heuristik Ketersediaan (*Availability Heuristic*):** Kecenderungan untuk menilai kemungkinan peristiwa berdasarkan kemudahan mengingat contohnya.
- **Efek Pembingkaian (*Framing Effect*):** Kecenderungan untuk terpengaruh oleh cara informasi disajikan.
- **Kredibilitas Sumber:** Tingkat kepercayaan dan keandalan suatu sumber informasi.
- **Literasi Digital:** Kemampuan untuk menemukan, mengevaluasi, menggunakan, dan berbagi informasi secara efektif dalam lingkungan digital.
- **Maksud Pengguna (*User Intent*):** Tujuan atau motivasi di balik pencarian informasi oleh pengguna.
- **Maksud Situs Web (*Website Intent*):** Tujuan atau fungsi utama dari suatu situs web.
- **Keterbukaan Pikiran (*Open-Mindedness*):** Kesediaan untuk mempertimbangkan ide-ide baru dan perspektif yang berbeda.
- **Kerendahan Hati Intelektual (*Intellectual Humility*):** Kesadaran akan keterbatasan pengetahuan diri sendiri.
- **Keberanian Intelektual (*Intellectual Courage*):** Keberanian untuk mempertanyakan asumsi dan menghadapi ketidakpastian.
- **Ketekunan Intelektual (*Intellectual Perseverance*):** Sikap untuk tidak mudah menyerah dalam mencari pemahaman.
- **Empati Intelektual (*Intellectual Empathy*):** Kemampuan untuk memahami pikiran dan sudut pandang orang lain.

- **CRAAP Test:** Kerangka kerja evaluasi sumber: *Currency* (Kekinian), *Relevance* (Relevansi), *Authority* (Otoritas), *Accuracy* (Akurasi), *Purpose* (Tujuan).
- **SIFT Method:** Metode evaluasi sumber: *Stop* (Berhenti), *Investigate the source* (Selidiki sumbernya), *Find trusted coverage* (Temukan liputan terpercaya), *Trace claims* (Telusuri klaim).
- **5 Ws:** Pertanyaan dasar evaluasi informasi: *Who* (Siapa), *What* (Apa), *Where* (Di mana), *Why* (Mengapa), *How* (Bagaimana).
- **SMART Check:** Metode evaluasi sumber: *Source* (Sumber), *Motive* (Motif), *Authority* (Otoritas), *Review* (Tinjauan), *Two-source test* (Uji dua sumber).
- **PROVEN:** Kerangka evaluasi: *Purpose* (Tujuan), *Relevance* (Relevansi), *Objectivity* (Objektivitas), *Verifiability* (Keterverifikasian), *Expertise* (Keahlian), *Newness* (Kebaruan).
- **RADAR:** Kerangka evaluasi: *Rationale* (Rasional), *Authority* (Otoritas), *Date* (Tanggal), *Accuracy* (Akurasi), *Relevance* (Relevansi).
- **Validitas (*Validity*):** Dalam logika, sebuah argumen dikatakan valid jika kesimpulannya mengikuti premis-premisnya.
- **Kebenaan(*Soundness*):** Argumen yang valid dengan premis yang benar
- **Penalaran deduktif:** Penalaran dari prinsip umum ke kesimpulan spesifik.
- **Premis:** Pernyataan yang berfungsi sebagai dasar atau asumsi dalam sebuah argumen.
- **Kesimpulan:** Pernyataan yang ingin dibuktikan atau ditegakkan dalam sebuah argumen.
- **Sanggahan (*Counterargument*):** Argumen yang menentang argumen asli atau tesis.
- **Tesis:** Klaim atau argumen utama yang diajukan dalam sebuah esai.
- **Analisis Tekstual:** Interpretasi dan penjelasan mendalam terhadap teks.
- **Jargon:** Istilah teknis atau khusus yang digunakan dalam bidang tertentu.
- **Plagiarisme:** Tindakan menyajikan karya atau ide orang lain sebagai milik sendiri.

- **Metakognisi:** Berpikir tentang proses berpikir diri sendiri.
- **Kesesatan Logika (*Logical Fallacy*):** Kesalahan dalam penalaran yang membuat argumen tidak valid.
- **Pemikiran Kelompok (*Groupthink*):** Kecenderungan untuk menyesuaikan diri dengan pendapat kelompok tanpa evaluasi kritis.
- **Egosentrisme:** Kecenderungan melihat dunia hanya dari perspektif diri sendiri.
- **Sosiosentrisme:** Kecenderungan melihat dunia hanya dari perspektif kelompok sosial sendiri.

Bacaan Lebih Lanjut:

- Browne, M. N., & Keeley, S. M. (2018). *Asking the right questions: A guide to critical thinking*. Pearson.
- Cottrell, S. (2017). *Critical thinking skills: Developing effective analysis and argument*. Palgrave Macmillan.
- Facione, P. A. (2020). *Critical thinking: What it is and why it counts*. Measured Reasons LLC.
- Fisher, A. (2011). *Critical thinking: An introduction*. Cambridge University Press.
- Hurley, P. J., & Watson, L. (2018). *A concise introduction to logic*. Cengage Learning.
- Mauk, J., & Metz, J. (2018). *The composition of everyday life*. Cengage Learning.
- Martinich, A. P. (2005). *Philosophical writing: An introduction*. Blackwell Publishing.
- Ruggiero, V. R. (2011). *The art of thinking: A guide to critical and creative thought*. Pearson.
- Schick, T., & Vaughn, L. (2019). *How to think about weird things: Critical thinking for a new age*. McGraw-Hill Education.
- Tittle, P. (2011). *Critical thinking: An appeal to reason*. Routledge.
- Weston, A. (2008). *A rulebook for arguments*. Hackett Publishing Company.

Pertanyaan Ulasan:

1. Mengapa berpikir kritis menjadi semakin penting di era digital? Jelaskan dengan mengacu pada konsep "tsunami informasi" dan potensi dampaknya.
2. Mengapa keterbukaan pikiran dan kerendahan hati intelektual dianggap sebagai kebiasaan berpikir kritis yang penting? Bagaimana kedua kebiasaan ini dapat membantu kita dalam menghadapi informasi yang bertentangan dengan keyakinan kita?
3. Jelaskan langkah-langkah kunci dalam mengevaluasi kredibilitas sumber informasi online. Mengapa langkah-langkah ini penting?
4. Apa perbedaan antara fakta dan opini? Mengapa kemampuan membedakan keduanya penting dalam berpikir kritis, terutama di era digital?
5. Jelaskan bagaimana Anda dapat menerapkan prinsip-prinsip membaca aktif untuk memahami teks filsafat yang kompleks.
6. Apa itu plagiarisme? Mengapa penting untuk mengutip sumber dengan benar dalam penulisan akademis, termasuk dalam esai filsafat?

BAB 3: JEJAK-JEJAK PEMIKIRAN: FILSAFAT DARI BERBAGAI TRADISI

Filsafat sering kali dianggap sebagai produk eksklusif peradaban Barat, yang dimulai dari Yunani Kuno, dengan tokoh-tokoh besar seperti Socrates, Plato, dan Aristoteles. Namun, pandangan ini terlalu sempit dan tidak mencakup kekayaan pemikiran filosofis dari berbagai belahan dunia. Filsafat adalah usaha universal manusia untuk memahami eksistensi, pengetahuan, nilai, dan realitas. Sejak zaman dahulu, berbagai budaya dan tradisi di seluruh dunia telah mengembangkan sistem pemikiran filosofis yang mendalam, sering kali berakar pada kebutuhan praktis manusia untuk memahami dunia dan tempat mereka di dalamnya (Shand, 2014).

Dalam bab ini, kita akan menjelajahi jejak-jejak pemikiran dari tradisi filsafat yang lebih luas. Dengan tujuan bukan untuk membandingkan mana yang lebih baik, tetapi untuk memperluas wawasan kita dan belajar dari perspektif yang berbeda, kita akan menelusuri filsafat masyarakat adat, pemikiran klasik India dan Cina, serta kontribusi dunia Islam terhadap perkembangan filsafat universal. Keberagaman ini tidak hanya memperkaya pemahaman kita tentang filsafat tetapi juga memberi inspirasi untuk menghadapi tantangan kehidupan kontemporer, seperti perubahan iklim, kerusakan lingkungan, dan krisis sosial.

3.1 Filsafat Masyarakat Adat: Kearifan Lokal yang Terlupakan

Masyarakat adat di seluruh dunia, dari suku Aborigin di Australia hingga suku-suku di Amazon, dari suku Inuit di Kutub Utara hingga suku Maori di Selandia Baru, memiliki sistem pengetahuan dan kepercayaan yang mendalam tentang alam, manusia, dan hubungan antara keduanya. Filsafat mereka, yang sering kali disampaikan secara lisan dari generasi ke generasi melalui cerita, mitos, lagu, dan ritual, menekankan harmoni dengan alam, pentingnya komunitas, penghormatan terhadap tradisi, dan kesadaran spiritual. Pemikiran mereka seringkali berbasis pada pengalaman langsung dan interaksi yang mendalam dengan alam, yang menghasilkan pemahaman yang lebih holistik tentang kehidupan dan keberlanjutan (Shand, 2014).

Kearifan lokal ini bukan sekadar "kepercayaan kuno" atau "takhayul", tetapi sumber pengetahuan yang sangat relevan untuk menghadapi tantangan zaman sekarang. Misalnya, dalam banyak tradisi adat, alam dipandang sebagai entitas yang hidup, memiliki roh, kehendak, dan tujuan. Oleh karena itu, manusia tidak hanya memanfaatkan alam untuk memenuhi kebutuhan mereka, tetapi juga memiliki tanggung jawab untuk menjaga, merawat, dan menghormati alam sebagai bagian dari diri mereka sendiri. Konsep ini, yang sering disebut sebagai "kosmologi relasional", sangat penting di tengah krisis perubahan iklim global. Masyarakat adat telah lama memahami pentingnya keberagaman hayati, keberlanjutan ekosistem, dan keseimbangan alam, jauh sebelum ilmu pengetahuan modern menyadarinya. Mereka memiliki pengetahuan mendalam tentang tanaman obat, siklus alam, perilaku hewan, dan cara-cara hidup yang selaras dengan lingkungan (Ingram, 2006).

Filsafat masyarakat adat juga menekankan nilai-nilai sosial yang memperkuat hubungan antarmanusia. Dalam tradisi mereka, keluarga dan komunitas sering kali menjadi pusat dari identitas dan kehidupan moral. Keputusan-keputusan penting diambil secara kolektif, dengan mempertimbangkan kepentingan bersama dan masa depan generasi mendatang. Dalam pandangan ini, kebahagiaan individu bukanlah tujuan utama, tetapi kesejahteraan kolektif yang tercapai melalui kerjasama, saling menghormati, gotong royong, dan pengorbanan untuk kebaikan bersama. Pendekatan ini juga mengajarkan kita tentang pentingnya nilai-nilai solidaritas, tanggung jawab sosial, dan keadilan dalam kehidupan sehari-hari. Kita bisa belajar banyak dari mereka tentang bagaimana membangun komunitas yang kuat, inklusif, dan berempati (Turner, 2014).

Contoh konkret dari kearifan lokal dapat ditemukan dalam berbagai praktik tradisional. Misalnya, sistem *sasi* di Maluku, Indonesia, adalah praktik pengelolaan sumber daya laut yang berkelanjutan. Masyarakat adat menetapkan periode waktu tertentu di mana penangkapan ikan atau hasil laut lainnya dilarang, untuk memberi kesempatan bagi ekosistem untuk pulih. Di Amerika Utara, konsep "Tujuh Generasi" dari suku Iroquois mengajarkan bahwa setiap keputusan yang diambil harus mempertimbangkan dampaknya bagi tujuh generasi mendatang. Ini adalah contoh nyata dari pemikiran jangka panjang dan tanggung jawab antargenerasi (Renjaan et al., 2013).

Dengan memahami cara pandang masyarakat adat, kita dapat belajar untuk hidup lebih berkelanjutan, menghargai keberagaman budaya dan hayati, dan menemukan makna yang lebih dalam dalam hubungan kita dengan alam dan sesama manusia. Jejak pemikiran mereka memberikan kontribusi yang sangat penting dalam membentuk cara kita berpikir tentang keberlanjutan, keadilan sosial, dan tanggung jawab moral di dunia modern (Renjaan et al., 2013).

3.2 Filsafat India Klasik: Jalan Menuju Pembebasan dari Penderitaan

Filsafat India klasik adalah salah satu tradisi filsafat tertua dan paling berpengaruh di dunia. Dengan akar yang sangat dalam, membentang lebih dari 3000 tahun, filsafat ini telah berkembang menjadi sistem pemikiran yang sangat kaya dan beragam, menawarkan berbagai jalan untuk memahami hakikat realitas, mengatasi penderitaan, dan mencapai pembebasan (*moksha*). Konsep-konsep kunci seperti *karma* (hukum sebab-akibat moral), *dharma* (kewajiban moral dan jalan hidup yang benar), *atman* (diri sejati), dan *Brahman* (realitas tertinggi) menjadi landasan bagi berbagai aliran pemikiran, seperti Samkhya, Yoga, Vedanta, Buddhisme, dan Jainisme (Adamson et al., 2022).

Secara umum, filsafat India klasik berfokus pada pencarian pembebasan dari penderitaan yang disebabkan oleh keterikatan pada dunia materi, ilusi tentang diri (*ego*), dan ketidaktahuan (*avidya*). Salah satu ajaran utama dalam filsafat India adalah bahwa dunia fenomenal ini tidak kekal, penuh dengan perubahan, dan pada akhirnya, tidak memuaskan (*dukkha*). Hanya melalui pemahaman diri yang lebih dalam, pengembangan kebijaksanaan (*prajna*), dan pembebasan dari ilusi tentang diri, kita dapat mencapai kebahagiaan sejati dan kedamaian batin(Adamson et al., 2022).

Filsafat India Klasik menawarkan beragam jalan untuk memahami hakikat realitas dan mencapai pembebasan dari penderitaan. Salah satu aliran tertua, Samkhya, memandang realitas sebagai perpaduan dua prinsip utama: *purusha* (kesadaran murni yang pasif) dan *prakriti* (alam materi yang aktif). Penderitaan timbul ketika *purusha* keliru mengidentifikasi dirinya dengan *prakriti* – tubuh, pikiran, dan emosi. Pembebasan, dalam pandangan Samkhya, adalah kesadaran akan keterpisahan *purusha* dari *prakriti*. Sementara itu, Yoga, yang lebih dikenal sebagai sistem praktik, memberikan metode bertahap untuk mencapai pembebasan melalui disiplin tubuh dan pikiran. Delapan "anggota" Yoga – *yama* (larangan moral), *niyama* (ketaatan moral), *asana* (postur tubuh), *pranayama* (pengendalian napas), *pratyahara* (penarikan indra), *dharana* (konsentrasi), *dhyana* (meditasi), dan *samadhi* (penyatuan) – adalah jalan untuk menenangkan pikiran dan mencapai kesadaran yang lebih tinggi (Radhakrishnan, 2004).

Vedanta, aliran filsafat yang berakar pada *Upanishad*, teks-teks kuno yang dianggap sebagai inti dari Veda, mengajarkan kesatuan antara *atman* (diri sejati individu) dan *Brahman* (realitas tertinggi). Ketidaktahuan akan kesatuan inilah yang menjadi sumber penderitaan. Pembebasan, dalam Vedanta, dicapai melalui *jnana* (pengetahuan) tentang identitas *atman* dan *Brahman*. Namun, terdapat perbedaan interpretasi tentang hubungan antara *atman* dan *Brahman* di antara berbagai aliran Vedanta. Advaita Vedanta menekankan non-dualitas, menyatakan bahwa *atman* dan *Brahman* benar-benar identik, sementara dunia fenomenal dianggap sebagai ilusi (*maya*). Vishishtadvaita Vedanta mengakui perbedaan, tetapi melihat *atman* sebagai bagian tak terpisahkan dari *Brahman*. Dvaita Vedanta, di sisi lain, menegaskan perbedaan mutlak antara *atman* dan *Brahman* (Belvalkar, 2006).

Selain aliran-aliran yang berakar pada tradisi Hindu, Buddhisme, yang didirikan oleh Siddhartha Gautama, juga menawarkan jalan filosofis menuju pembebasan. Ajaran inti Buddhisme, Empat Kebenaran Mulia, menjelaskan hakikat penderitaan (*dukkha*), asal-usulnya dalam keinginan dan keterikatan (*trishna*), kemungkinan untuk mengakhiri penderitaan (*nirodha*), dan Jalan Mulia Berunsur Delapan sebagai panduan praktis untuk mencapai pembebasan. Jalan ini menekankan pada pengembangan pandangan benar, niat benar, ucapan benar, tindakan benar, mata pencaharian benar, usaha benar, perhatian benar, dan konsentrasi benar (Anderson, 2016).

Jainisme, tradisi lain yang berpengaruh, menekankan *ahimsa* (non-kekerasan) sebagai prinsip tertinggi. Setiap makhluk hidup, menurut Jainisme, memiliki *jiva* (jiwa), dan *karma* terakumulasi melalui setiap tindakan, baik atau buruk. Tindakan kekerasan, baik fisik maupun mental, menghasilkan *karma* buruk yang memperpanjang siklus kelahiran kembali. Pembebasan, dalam Jainisme, adalah proses penyucian jiwa dari *karma* melalui praktik *ahimsa*, pengendalian diri, dan pertapaan. Meskipun berbeda-beda dalam pendekatan dan konsep, aliran-aliran filsafat India Klasik ini berbagi kepedulian yang mendalam terhadap penderitaan manusia dan menawarkan jalan untuk mengatasinya, mencapai pembebasan, dan menemukan makna hidup yang sejati (Tähtinen, 1976).

Melalui filsafat India klasik, kita diajak untuk merenungkan secara mendalam sifat dasar diri, hubungan kita dengan dunia, sifat realitas, dan jalan menuju kebahagiaan sejati yang langgeng. Penerapan ajaran-ajaran ini dalam kehidupan sehari-hari – melalui praktik meditasi, yoga, pengembangan kebajikan, dan pencarian pengetahuan – dapat membawa kedamaian batin, mengurangi penderitaan, dan membantu kita menemukan makna hidup yang lebih dalam.

3.3 Filsafat Cina Klasik: Mencari Harmoni dalam Kehidupan

Filsafat Cina klasik sangat dipengaruhi oleh tiga aliran utama: Konfusianisme, Taoisme, dan Buddhisme Chan (Zen) – yang meskipun berasal dari India, mengalami perkembangan yang unik di Cina. Ketiga aliran ini, meskipun memiliki penekanan yang berbeda, memiliki tujuan bersama: mencapai harmoni, baik dalam hubungan pribadi, hubungan sosial, maupun hubungan dengan alam semesta secara keseluruhan (Van Norden, 2011).

Konfusianisme, yang ajarannya bersumber dari kebijaksanaan Konfusius (Kong Fuzi 孔夫子), adalah sebuah sistem etika dan filsafat sosial yang meletakkan dasar bagi tatanan kehidupan yang harmonis. Lebih dari sekadar aturan perilaku, Konfusianisme menekankan pentingnya moralitas, pendidikan, dan hubungan antarmanusia yang dilandasi oleh nilai-nilai luhur. Konfusius mengajarkan bahwa masyarakat yang ideal adalah masyarakat yang diatur oleh kebajikan (*de* 德), di mana setiap individu memahami dan menjalankan perannya masing-masing dengan penuh tanggung jawab. Dalam pandangan ini, kemanusiaan (*ren* 仁) menjadi fondasi utama – sebuah kualitas yang mencakup cinta kasih, empati, dan rasa hormat terhadap sesama. *Ren* diwujudkan melalui *li* (禮), yaitu tata krama, ritual, norma sosial, atau cara-cara yang benar dalam bertindak dan berinteraksi, yang mengatur bagaimana interaksi antarmanusia seharusnya berlangsung, menjaga keselarasan dan mencegah konflik. Konsep *xiao* (孝) yaitu bakti kepada orang tua dan leluhur, menegaskan pentingnya hierarki dan penghormatan dalam keluarga dan masyarakat. Sementara *yi* (義) yaitu kebenaran dan keadilan, *zhi* (智) yaitu kebijaksanaan, dan *xin* (信) yaitu kepercayaan atau integritas, melengkapi pilar-pilar etika Konfusianisme, membentuk landasan bagi individu yang berbudi luhur (*junzi* 君子). Pendidikan, dalam pandangan Konfusius, adalah kunci utama untuk mengembangkan *karakter unggul* ini, yang pada gilirannya akan menciptakan masyarakat yang harmonis dan sejahtera (Van Norden, 2011).

Berbeda dengan Konfusianisme yang berfokus pada tatanan sosial, Taoisme, yang diinspirasi oleh pemikiran Laozi (老子) dan Zhuangzi (莊子), menawarkan jalan menuju harmoni melalui penyelarasan dengan alam. Taoisme mengajak kita untuk memahami *Tao* (道), sebuah prinsip fundamental yang mendasari segala sesuatu di alam semesta. *Tao* bukanlah sesuatu yang dapat didefinisikan dengan kata-kata, melainkan sesuatu yang dapat dialami dan dirasakan melalui kehidupan yang selaras dengan ritme alam. Konsep *yin* dan *yang* (陰陽) menggambarkan dualitas yang saling melengkapi dalam segala hal – terang dan gelap, aktif dan pasif, maskulin dan feminin – yang selalu berinteraksi dan menciptakan keseimbangan yang dinamis. Dalam Taoisme, *wu wei* (無為), yang sering diterjemahkan secara kurang tepat sebagai "tidak bertindak", adalah kunci untuk hidup selaras dengan *Tao*. *Wu wei* bukanlah kepasifan, melainkan tindakan yang spontan, alami, dan tanpa paksaan atau perlawanan terhadap arus alam. Seperti air yang mengalir dengan lembut mengikuti kontur tanah, atau seorang seniman yang membiarkan kuasnya menari di atas kanvas, *wu wei* adalah tindakan yang efisien, efektif, dan tanpa hambatan, karena ia muncul dari keselarasan dengan kekuatan yang lebih besar. *De* (德), dalam Taoisme, adalah "kekuatan" atau "kebajikan" yang *melekat* pada setiap makhluk ketika ia hidup selaras dengan *Tao*, sebuah manifestasi keselarasan dengan alam (Fung, 1997).

Buddhisme Chan (Cina: Chan 禪; Jepang: Zen), adalah perpaduan unik antara Buddhisme Mahayana dan Taoisme. Aliran ini menekankan *pengalaman langsung* sebagai jalan menuju *pencerahan*. Zen mengajarkan bahwa kebenaran *tidak dapat* ditemukan melalui *kata-kata* atau *konsep-konsep intelektual* semata, melainkan melalui *meditasi* (*zazen* 坐禅) dan *perhatian penuh* (*mindfulness*). Dengan duduk diam dan mengamati pikiran tanpa menghakimi, praktisi Zen berusaha untuk *melepaskan keterikatan* pada ego dan *mencapai keadaan tanpa-pikiran* (*mushin* 無心), di mana *intuisi* dan *kebijaksanaan* dapat muncul. Zen sering menggunakan *koan* (公案), yaitu teka-teki atau paradoks yang tidak dapat dipecahkan dengan logika, untuk *menggoyahkan pikiran rasional dan membuka jalan bagi pemahaman yang lebih dalam*. Tujuan utama Zen adalah *mencapai pencerahan* (*satori* 悟り), yaitu *pemahaman langsung* tentang *hakikat realitas dan pembebasan* dari *penderitaan*. Konsep-konsep ini, baik dari Konfusianisme, Taoisme, maupun Zen, menghadirkan pada kita sebuah prinsip dasar yang sama, harmoni, meski dari sudut pandang yang berbeda (Nishihira, 2024).

3.4 Filsafat Islam: Jembatan antara Iman dan Akal – Warisan Yunani dan Kontribusi Orisinal

Filsafat Islam tidak terpisah dari tradisi filsafat lainnya, melainkan berkembang dalam dialog yang dinamis dengan pemikiran Yunani Kuno, khususnya karya-karya Plato dan Aristoteles, serta dengan tradisi-tradisi pemikiran lainnya, seperti Persia dan India. Para filsuf Muslim awal, seperti Al-Kindi (801-873 M), yang dikenal sebagai "filsuf Arab" pertama, tidak hanya menerjemahkan, melestarikan, dan mengomentari karya-karya Yunani, tetapi juga mengembangkannya secara kreatif, mengkritiknya, dan menghubungkannya dengan ajaran Islam. Mereka membangun jembatan antara iman (wahyu) dan akal (rasio), menunjukkan bahwa keduanya tidak harus bertentangan, tetapi dapat saling melengkapi dalam pencarian kebenaran (Corbin, 2014).

Al-Kindi, misalnya, meyakini bahwa filsafat dan agama adalah dua jalan yang menuju kebenaran yang sama. Ia menggunakan logika dan argumentasi rasional untuk memahami konsep-konsep teologis, seperti keberadaan Tuhan, sifat-sifat Tuhan, penciptaan alam semesta, kehendak bebas, dan kehidupan setelah mati. Al-Kindi menekankan pentingnya akal dalam memahami wahyu, dan membuka jalan bagi perkembangan tradisi filsafat yang rasionalistik dalam dunia Islam (Corbin, 2014).

Selain Al-Kindi, yang membuka jalan bagi perkembangan filsafat dalam dunia Islam, terdapat pula tokoh-tokoh penting lainnya yang memberikan kontribusi signifikan dalam menjembatani warisan pemikiran Yunani dengan ajaran Islam, sekaligus mengembangkan gagasan-gagasan orisinal. Al-Farabi (872-950 M), yang digelari "Guru Kedua" setelah Aristoteles, adalah salah satunya. Ia tidak hanya dikenal karena penguasaannya yang mendalam terhadap logika Aristoteles, tetapi juga karena pemikirannya yang orisinal tentang negara ideal, yang tertuang dalam karyanya al-Madinah al-Fadilah. Dalam karya ini, Al-Farabi berusaha menggabungkan konsep-konsep politik Plato, khususnya dari Republik, dengan prinsip-prinsip Islam, menghasilkan sebuah sintesis unik tentang bagaimana masyarakat yang adil dan sejahtera dapat diwujudkan. Al-Farabi juga dikenal atas kontribusinya dalam bidang musik dan metafisika, menunjukkan keluasan minat dan kedalaman pemikirannya. Tak kalah penting adalah Ibnu Sina (980-1037 M), yang di Barat dikenal sebagai Avicenna. Seorang polymath dengan keahlian yang melintasi berbagai bidang ilmu, Ibnu Sina menyusun sistem filsafat yang komprehensif, memadukan elemen-elemen dari Aristotelianisme dan Neoplatonisme, sambil tetap berpegang pada prinsip-prinsip tauhid Islam. Karyanya yang paling monumental, The Canon of Medicine, bukan hanya menjadi rujukan utama dalam bidang kedokteran selama berabad-abad, tetapi juga menunjukkan bagaimana ia menerapkan prinsip-prinsip filosofis dalam memahami tubuh manusia dan kesehatan. Dalam filsafatnya, Ibnu Sina menekankan peran akal sebagai alat yang sangat penting untuk mencapai pengetahuan, termasuk pengetahuan tentang Tuhan dan realitas tertinggi (Faḫrī, 2004).

Di sisi lain, Al-Ghazali (1058-1111 M), seorang teolog dan sufi yang sangat berpengaruh, melancarkan kritik tajam terhadap filsafat rasionalis, terutama yang dikembangkan oleh Al-Farabi dan Ibnu Sina. Dalam karyanya yang terkenal, Tahafut al-Falasifah (Kerancuan Para Filsuf), Al-Ghazali berpendapat bahwa akal memiliki keterbatasan dalam memahami realitas ilahi dan menekankan pentingnya pengalaman spiritual dan intuisi sebagai jalan untuk mencapai pengetahuan yang lebih tinggi tentang Tuhan. Kritik Al-Ghazali ini memicu perdebatan sengit dalam tradisi intelektual Islam. Menanggapi kritik Al-Ghazali, Ibnu Rusyd (1126-1198 M), atau Averroes, seorang filsuf dan ahli hukum dari Andalusia (Spanyol Islam), tampil sebagai pembela utama filsafat Aristoteles. Dalam karyanya Tahafut al-Tahafut (Kerancuan atas Kerancuan), Ibnu Rusyd membantah argumen-argumen Al-Ghazali dan menegaskan kembali pentingnya akal dalam memahami agama. Ia berpendapat bahwa filsafat dan agama, jika dipahami dengan benar, tidak akan bertentangan, karena keduanya berasal dari sumber yang sama, yaitu Tuhan, dan keduanya bertujuan untuk mengungkap kebenaran. Keempat tokoh ini, dengan pandangan dan kontribusi mereka yang beragam, mewakili kekayaan dan dinamika pemikiran filosofis dalam dunia Islam, serta menunjukkan bagaimana tradisi ini berdialog dan berinteraksi dengan warisan pemikiran Yunani, sambil tetap menghasilkan gagasan-gagasan orisinal yang signifikan (Faḫrī, 2004).

Selain tradisi filsafat rasionalistik, dalam Islam juga berkembang tradisi filsafat mistik (sufisme) dan filsafat iluminasionis (Isyraqi). Suhrawardi (1154-1191 M), pendiri aliran filsafat iluminasi, menggabungkan pemikiran rasional dengan intuisi mistis. Ia mengembangkan konsep "cahaya" sebagai metafora untuk pengetahuan dan realitas. Menurut Suhrawardi, pengetahuan sejati tidak hanya diperoleh melalui akal, tetapi juga melalui pengalaman langsung akan "Cahaya Ilahi" (*Nur al-Anwar*). Filsafatnya menekankan pentingnya penyucian diri, kontemplasi, dan pengalaman mistis untuk mencapai pencerahan. Kontribusi orisinal para filsuf Muslim tidak terbatas pada bidang metafisika dan epistemologi. Mereka juga memberikan sumbangan penting dalam bidang logika, etika, psikologi (Ernst, 2011).

Istilah Kunci:

- **Filsafat Adat:** Sistem pengetahuan dan kepercayaan masyarakat adat yang menekankan hubungan harmonis dengan alam dan komunitas.
- **Kearifan Lokal:** Pengetahuan dan praktik tradisional yang diwariskan turun-temurun dalam suatu komunitas, seringkali berkaitan dengan pengelolaan sumber daya alam dan kehidupan berkelanjutan.
- **Karma:** Hukum sebab-akibat moral dalam filsafat India; setiap tindakan memiliki konsekuensi yang akan memengaruhi kehidupan seseorang di masa depan.
- **Dharma:** Kewajiban moral, jalan hidup yang benar, atau hukum alam semesta dalam filsafat India.
- **Atman:** Diri sejati individu, yang dalam beberapa tradisi filsafat India dianggap identik dengan Brahman.
- **Brahman:** Realitas tertinggi, kesadaran mutlak, atau prinsip dasar alam semesta dalam filsafat India.
- **Samkhya:** Salah satu aliran filsafat India yang membedakan antara *purusha* (kesadaran) dan *prakriti* (materi).
- **Yoga:** Sistem praktik fisik, mental, dan spiritual yang bertujuan untuk mencapai pembebasan (moksha).
- **Vedanta:** Aliran filsafat India yang berfokus pada ajaran-ajaran Upanishad, menekankan kesatuan *atman* dan *Brahman*.
- **Moksha:** Pembebasan dari siklus kelahiran kembali dan penderitaan dalam filsafat India.
- **Tao (道):** "Jalan", prinsip fundamental alam semesta, sumber dari segala sesuatu, dan cara segala sesuatu seharusnya terjadi dalam Taoisme.
- **Yin dan Yang (阴阳):** Dua kekuatan yang berlawanan namun saling melengkapi yang membentuk segala sesuatu di alam semesta.
- **Wu Wei (无为):** "Tidak bertindak" atau "tindakan tanpa usaha"; tindakan yang selaras dengan Tao, alami, dan spontan.

- **De (德):** "Kebajikan" atau "kekuatan"; potensi inheren yang dimiliki setiap makhluk untuk berkembang sesuai dengan sifat alaminya, atau manifestasi Tao dalam diri individu.
- **Ren (仁):** Kemanusiaan, cinta kasih, kebajikan; kualitas hubungan antarmanusia yang ideal dalam Konfusianisme.
- **Li (礼):** Tata krama, ritual, norma sosial; cara-cara yang benar dalam bertindak dan berinteraksi dalam Konfusianisme.
- **Xiao (孝):** Bakti kepada orang tua dan leluhur.
- **Yi (义):** Kebenaran, keadilan, kewajiban moral.
- **Zhi (智):** Kebijaksanaan, pengetahuan.
- **Xin (信):** Kepercayaan, integritas.
- **Junzi (君子):** Orang yang berbudi luhur, ideal manusia dalam Konfusianisme.
- **Buddhisme Chan/Zen (禪):** Aliran Buddhisme Mahayana yang berkembang di Cina (Chan) dan Jepang (Zen), menekankan meditasi dan pengalaman langsung untuk mencapai pencerahan.
- **Zazen (坐禅):** Praktik meditasi duduk dalam Zen.
- **Mushin (無心):** "Tanpa-pikiran"; keadaan pikiran yang jernih dan tidak terikat.
- **Koan (公案):** Teka-teki atau paradoks yang digunakan dalam Zen untuk menggoyahkan pikiran rasional.
- **Satori (悟り):** Pencerahan, pemahaman mendalam akan hakikat realitas dalam Zen.
- **Al-Kindi:** Filsuf Arab pertama, yang menjembatani filsafat Yunani dan pemikiran Islam.
- **Suhrawardi:** Pendiri aliran filsafat iluminasi (Isyraqi) dalam Islam.
- **Filsafat Iluminasi (Isyraqi):** Aliran filsafat islam yang menggabungkan pemikiran rasional dengan intuisi mistis.

Bacaan Lebih Lanjut:

- *Untuk Filsafat Masyarakat Adat:*

    - Cajete, G. (2000). *Native science: Natural laws of interdependence*. Clear Light Publishers.

   - Deloria, V., Jr. (1999). *For this land: Writings on religion in America*. Routledge.
   - Meyer, M. A. (2008). Indigenous and authentic: Hawaiian epistemology and the triangulation of meaning. *In* N. K. Denzin, Y. S. Lincoln, & L. T. Smith (Eds.), SAGE Publications.

- *Untuk Filsafat India Klasik:*
   - Radhakrishnan, S. (1929). *Indian philosophy* (Vols. 1-2). George Allen & Unwin.
   - Sharma, C. (2000). *A critical survey of Indian philosophy*. Motilal Banarsidass.
   - Koller, J. M. (2012). *The Indian way: An introduction to the philosophical traditions of India*. Pearson Education.
- *Untuk Filsafat Cina Klasik:*
   - Fung, Y. L. (1997). *A short history of Chinese philosophy* (D. Bodde, Ed.). The Free Press.
   - Graham, A. C. (2001). *Disputers of the Tao: Philosophical argument in ancient China*. Open Court.
   - Ivanhoe, P. J., & Van Norden, B. W. (Eds.). (2001). *Readings in classical Chinese philosophy* (2nd ed.). Hackett Publishing Company.
- *Untuk Filsafat Islam:*
   - Corbin, H. (1993). *History of Islamic philosophy*. Kegan Paul International.
   - Fakhry, M. (2004). *A history of Islamic philosophy* (3rd ed.). Columbia University Press.
   - Leaman, O. (2013). *Islamic philosophy: An introduction* (3rd ed.). Polity Press.
   - Nasr, S. H., & Leaman, O. (Eds.). (1996). *History of Islamic philosophy* (Vols. 1-2). Routledge.

Pertanyaan Ulasan:

1. Jelaskan bagaimana kearifan lokal masyarakat adat dapat memberikan kontribusi dalam menghadapi krisis lingkungan global saat ini. Berikan contoh konkret.
2. Apa yang dimaksud dengan karma dan dharma dalam filsafat India? Bagaimana kedua konsep ini berhubungan dengan pencarian pembebasan dari penderitaan?
3. Jelaskan konsep wu wei dalam Taoisme. Apakah wu wei berarti tidak melakukan apa-apa? Berikan contoh bagaimana wu wei dapat diterapkan dalam kehidupan sehari-hari.
4. Bagaimana Al-Kindi menjembatani antara filsafat Yunani dan pemikiran Islam?
5. Apa yang dimaksud dengan filsafat iluminasi Suhrawardi? Bagaimana konsep cahaya digunakan dalam filsafatnya?
6. Menurut Anda, apakah ada benang merah yang menghubungkan berbagai tradisi filsafat yang dibahas dalam bab ini? Jika ya, apa itu?
7. Bagaimana mempelajari berbagai tradisi filsafat dapat memperkaya pemahaman kita tentang diri sendiri dan dunia?

BAB 4: MUNCULNYA FILSAFAT KLASIK: DARI MITOS KE LOGOS

Pendahuluan: Terbitnya Akal Budi dan Awal Mula Filsafat

Bayangkanlah sebuah dunia di mana setiap fenomena dijelaskan melalui cerita-cerita tentang dewa-dewi, kekuatan gaib, dan takdir yang tak terhindarkan. Inilah dunia Yunani Kuno sebelum munculnya filsafat. Pengetahuan tentang alam semesta, asal-usul manusia, dan bahkan kejadian sehari-hari seperti terbit dan terbenamnya matahari, semuanya dijelaskan melalui mitos. Mitos memberikan jawaban, tetapi jawaban ini tidak didasarkan pada penalaran logis atau pengamatan empiris, melainkan pada kepercayaan dan tradisi. Namun, sekitar abad ke-6 SM, di tengah-tengah masyarakat Yunani yang kaya akan mitologi, muncullah cara berpikir baru. Beberapa orang mulai mempertanyakan kebenaran mitos-mitos tersebut. Mereka tidak puas dengan penjelasan yang diterima begitu saja. Mereka mencari jawaban yang lebih rasional, yang didasarkan pada akal budi (*logos*) dan pengamatan terhadap dunia di sekitar mereka. Inilah fajar filsafat, sebuah peralihan dari *mitos* ke *logos* (Kenny, 2021).

Pergeseran ini tidak terjadi secara tiba-tiba atau kebetulan. Ada faktor-faktor sosial, politik, dan ekonomi yang mendorong lahirnya filsafat di Yunani Kuno. Runtuhnya peradaban Mikenai dan munculnya negara-kota (*polis*) yang independen, seperti Athena, menciptakan ruang untuk kebebasan berpikir dan perdebatan. Sistem pemerintahan yang relatif demokratis di beberapa polis, di mana warga negara dapat berpartisipasi dalam pengambilan keputusan, merangsang diskusi dan pertukaran ide. Selain itu, perdagangan dan interaksi dengan budaya-budaya lain di sekitar Laut Tengah membuka wawasan orang-orang Yunani terhadap cara pandang yang berbeda. Kemajuan dalam bidang astronomi dan matematika juga memberikan dasar bagi pemikiran rasional tentang alam semesta (Kenny, 2021).

4.1 Sejarah Filsafat: Membaca Masa Lalu dengan Kritis

Sejarah filsafat lebih dari sekadar daftar nama-nama filsuf dan pemikiran-pemikiran mereka. Ia adalah interpretasi tentang bagaimana manusia, dari waktu ke waktu, berusaha memahami dunia dan diri mereka sendiri. Ketika kita mempelajari sejarah filsafat, kita tidak hanya membaca apa yang dipikirkan oleh para filsuf, tetapi juga mengapa mereka berpikir demikian. Kita mencoba memahami konteks di mana mereka hidup, pertanyaan-pertanyaan yang mereka hadapi, dan pengaruh-pengaruh yang membentuk pemikiran mereka.

Penting untuk diingat bahwa sejarah filsafat, seperti sejarah lainnya, tidak pernah benar-benar objektif. Setiap sejarah ditulis dari sudut pandang tertentu, dan sejarawan filsafat memiliki bias dan prasangka mereka sendiri. Cara kita memandang pemikiran Yunani Kuno, misalnya, seringkali dipengaruhi oleh perkembangan filsafat Barat selanjutnya, termasuk pemikiran modern. Kita mungkin cenderung melihat tokoh-tokoh seperti Plato dan Aristoteles sebagai awal mula dari garis pemikiran yang lurus dan berkelanjutan, padahal realitasnya jauh lebih kompleks dan penuh dengan perdebatan dan perbedaan pendapat. Banyak karya filsuf kuno yang hanya sampai kepada kita melalui sumber sekunder, yang ditulis berabad-abad kemudian. Contohnya, kita tidak memiliki tulisan asli dari Socrates; kita mengenalnya terutama melalui catatan murid-muridnya, Plato dan Xenophon. Ini berarti kita harus berhati-hati dalam menafsirkan pemikiran mereka, menyadari bahwa kita melihatnya melalui filter orang lain (Guthrie, 2000).

4.2 Filsafat Yunani Klasik: Fondasi Pemikiran Barat

Filsafat Yunani Klasik adalah tonggak penting dalam sejarah pemikiran manusia. Pemikiran para filsuf Yunani Kuno, mulai dari yang disebut Pra-Socrates hingga Socrates, Plato, dan Aristoteles, meletakkan dasar bagi perkembangan filsafat, ilmu pengetahuan, politik, dan seni di Barat, dan pengaruhnya masih terasa hingga saat ini.

4.2.1 Pra-Socrates: Mencari Asal-Usul di Balik Perubahan

Para filsuf Pra-Socrates (hidup sebelum Socrates, sekitar abad ke-6 dan ke-5 SM) terutama tertarik pada pertanyaan tentang asal-usul dan struktur dasar alam semesta. Mereka mencari prinsip pertama (*arche*) yang mendasari segala sesuatu. Mereka berusaha menjelaskan keragaman dan perubahan di dunia dengan sesuatu yang tetap dan fundamental (Guthrie, 2000).

Di pesisir Ionia, di kota Miletus yang makmur, hiduplah Thales, seorang pria yang sering disebut sebagai "filsuf pertama". Ia tidak lagi puas dengan penjelasan mitologis tentang dunia. Ia mengamati air – bagaimana air bisa membeku menjadi es yang padat, mencair menjadi cairan yang mengalir, dan menguap menjadi uap yang tak terlihat. Ia juga melihat bagaimana air sangat penting bagi kehidupan. Dari pengamatan ini, Thales menyimpulkan bahwa air adalah prinsip dasar segala sesuatu, sumber dari mana segala sesuatu berasal dan kembali (Guthrie, 2000).

Namun, murid Thales, Anaximander, memiliki pemikiran yang berbeda. Ia merasa bahwa prinsip dasar segala sesuatu tidak mungkin sesuatu yang terbatas dan terdefinisi seperti air. Baginya, prinsip dasar itu haruslah sesuatu yang tak terbatas dan tak terdefinisi, yang ia sebut apeiron. Dari apeiron yang misterius inilah segala sesuatu muncul, dan kepadanyalah segala sesuatu kembali. Anaximander, dengan kata lain, melangkah lebih jauh dari gurunya, menuju ke ranah abstrak (Guthrie, 2000).

Anaximenes, murid Anaximander, kembali sedikit lebih dekat ke bumi. Ia setuju dengan gurunya bahwa prinsip dasar itu tidak terbatas, tetapi ia mengidentifikasi prinsip dasar itu dengan udara. Ia mengamati bahwa udara dapat berubah menjadi berbagai zat melalui proses pemadatan dan pengenceran. Udara yang diencerkan menjadi api, dan udara yang dipadatkan menjadi angin, awan, air, tanah, dan batu (Guthrie, 2000).

Di tempat lain, di Italia selatan, Pythagoras dan para pengikutnya memiliki pendekatan yang berbeda. Mereka terpesona oleh matematika. Mereka menemukan hubungan matematis dalam harmoni musik, gerakan bintang-bintang, dan bentuk-bentuk geometris. Mereka percaya bahwa bilangan adalah kunci untuk memahami struktur realitas. Segala sesuatu, bagi mereka, dapat dijelaskan dengan angka dan proporsi (Guthrie, 2000).

Sementara itu, di Ephesus, Heraclitus merenungkan sifat perubahan. Ia terkenal dengan pernyataan bahwa "semuanya mengalir" (*panta rhei*). Bagi Heraclitus, tidak ada yang tetap sama. Segala sesuatu terus berubah, seperti api yang selalu menyala dan berubah bentuk (Guthrie, 2000).

Namun, di kota Elea, Parmenides memiliki pandangan yang berlawanan. Baginya, perubahan hanyalah ilusi. Yang Ada (*Being*) itu satu, tetap, tidak berubah, dan tidak dapat dibagi. Apa yang ada, ada, dan apa yang tidak ada, tidak ada. Pikiran dan bahasa, menurut Parmenides, hanya dapat berkaitan dengan apa yang ada (Guthrie, 2000).

Empedocles berusaha untuk mendamaikan pandangan Heraclitus yang dinamis dan Parmenides yang statis. Ia mengajukan gagasan tentang empat elemen dasar: tanah, air, udara, dan api. Elemen-elemen ini sendiri tidak berubah, tetapi dapat bercampur dan berpisah dalam berbagai kombinasi, menghasilkan keberagaman yang kita lihat di dunia. Dua kekuatan kosmik, cinta dan benci, bertindak sebagai agen yang menyatukan dan memisahkan elemen-elemen ini (Guthrie, 2000).

Anaxagoras memperkenalkan konsep Nous (akal budi atau pikiran) sebagai prinsip yang mengatur alam semesta. Ia percaya bahwa segala sesuatu terdiri dari partikel-partikel kecil yang tak terhingga (*spermata*), dan bahwa Nous memiliki kekuatan untuk mengatur dan menyusun partikel-partikel ini menjadi susunan yang teratur (Guthrie, 2000).

Akhirnya, Democritus dan gurunya, Leucippus, mengembangkan teori atom. Mereka berpendapat bahwa segala sesuatu terdiri dari partikel-partikel kecil yang tidak dapat dibagi (atom, dari bahasa Yunani atomos, yang berarti "tidak dapat dipotong") dan ruang kosong. Atom-atom ini berbeda dalam bentuk, ukuran, dan susunan, dan perbedaan inilah yang menjelaskan keberagaman yang kita amati di dunia (Cohen et al., 2016).

Para filsuf Pra-Socrates, dengan pertanyaan-pertanyaan mereka yang berani dan jawaban-jawaban mereka yang beragam, meletakkan dasar bagi tradisi pemikiran rasional tentang alam semesta. Mereka adalah para perintis yang membuka jalan bagi perkembangan filsafat dan ilmu pengetahuan di masa depan (Cohen et al., 2016).

4.2.2 Socrates, Plato, Aristoteles: Tiga Pilar yang Mengguncang Dunia

Socrates (470-399 SM), Plato (427-347 SM), dan Aristoteles (384-322 SM) adalah tiga tokoh paling penting dalam sejarah filsafat Yunani Klasik. Mereka tidak hanya mengembangkan pemikiran para filsuf Pra-Socrates, tetapi juga memperluas cakupan filsafat ke bidang-bidang seperti etika, politik, epistemologi (teori pengetahuan), dan metafisika (studi tentang hakikat realitas). Pengaruh mereka begitu besar dan mendalam, sehingga pemikiran mereka sering dianggap sebagai fondasi dari seluruh tradisi filsafat Barat (Barnes, 1988).

Socrates tidak meninggalkan tulisan apa pun. Pemikirannya kita ketahui terutama melalui tulisan-tulisan muridnya, Plato. Socrates terkenal dengan metode dialektika (elenchos), yaitu menguji keyakinan seseorang melalui serangkaian pertanyaan. Ia berkeliling di Athena, berdiskusi dengan orang-orang dari berbagai kalangan, dan menantang mereka untuk mempertanyakan asumsi-asumsi mereka. Ia membuka kedok ketidaktahuan orang. Socrates percaya bahwa kebijaksanaan dimulai dengan kesadaran akan keterbatasan pengetahuan. Ia mengatakan, "Saya tahu bahwa saya tidak tahu apa-apa". Socrates sangat menekankan pentingnya definisi. Untuk memahami sesuatu, kita harus tahu apa itu. Misalnya, untuk memahami apa itu keadilan, kita harus tahu definisi keadilan. Socrates akhirnya dihukum mati oleh pengadilan Athena. Kematiannya sering dianggap sebagai contoh martir filsafat – seseorang yang rela mati demi keyakinan dan prinsip-prinsipnya (Brickhouse & Smith, 2004).

Plato, sebagai murid Socrates, melanjutkan dan mengembangkan pemikiran gurunya. Ia mendirikan Akademi, sebuah sekolah filsafat yang sangat berpengaruh. Salah satu kontribusi Plato yang paling terkenal adalah Teori Bentuk (atau Ide). Plato berpendapat bahwa dunia yang kita lihat dengan indra kita hanyalah bayangan atau tiruan dari dunia yang lebih tinggi, yaitu dunia Bentuk. Bentuk-Bentuk ini adalah realitas sejati, abadi, tidak berubah, dan sempurna. Misalnya, keindahan yang kita lihat pada bunga, lukisan, atau wajah seseorang hanyalah partisipasi dari Bentuk Keindahan itu sendiri. Bentuk-Bentuk ini hanya dapat dipahami melalui akal budi, bukan melalui indra (Brickhouse & Smith, 2004).

Aristoteles, murid Plato di Akademi, mengembangkan sistem filsafat yang berbeda dari gurunya. Meskipun ia menerima konsep Bentuk, Aristoteles tidak setuju bahwa Bentuk itu terpisah dari dunia indrawi. Bagi Aristoteles, Bentuk melekat pada materi, dan keduanya bersama-sama membentuk substansi. Aristoteles sangat tertarik pada dunia alam. Ia mengembangkan metode ilmiah yang berdasarkan pengamatan dan klasifikasi. Ia menulis tentang berbagai topik, termasuk logika, fisika, biologi, psikologi, etika, politik, dan seni. Dalam etika, Aristoteles berpendapat bahwa tujuan hidup manusia adalah eudaimonia (kebahagiaan, kesejahteraan, atau "hidup yang baik"). *Eudaimonia* dicapai melalui pengembangan kebajikan (*arete*), yaitu karakteristik unggul yang memungkinkan kita untuk berfungsi dengan baik sebagai manusia. Aristoteles percaya bahwa kebajikan terletak pada jalan tengah (*golden mean*) antara dua ekstrem. Misalnya, keberanian adalah jalan tengah antara kenekatan dan kepengecutan (Barnes, 1988).

Ketiga filsuf ini – Socrates, Plato, dan Aristoteles – meletakkan dasar bagi hampir semua perkembangan filsafat selanjutnya. Pemikiran mereka terus dikaji, diperdebatkan, dan dikembangkan hingga saat ini.

4.2.3 Socrates: Akhir Tragis Sang Pencari Kebenaran

Kisah hidup Socrates, dan terutama cara ia mati, menjadi bagian tak terpisahkan dari warisan filosofisnya. Socrates, yang tidak pernah menuliskan pemikirannya sendiri, menghabiskan hidupnya dengan berdialog di jalan-jalan Athena, menantang orang-orang untuk mempertanyakan keyakinan mereka, dan mencari kebenaran melalui akal budi. Namun, kegigihannya dalam mencari kebenaran ini justru membawanya pada akhir yang tragis.

Pada tahun 399 SM, Socrates diadili di hadapan pengadilan Athena. Ia dituduh merusak moral kaum muda dengan pertanyaan-pertanyaan yang menggugat, dan tidak mengakui dewa-dewa yang diakui oleh negara. Apakah tuduhan ini benar-benar beralasan, ataukah Socrates hanyalah korban dari intrik politik dan ketakutan terhadap pemikiran yang berbeda? Pertanyaan ini terus diperdebatkan hingga kini (A. E. Taylor, 1975).

Yang jelas, Socrates memiliki kesempatan untuk melarikan diri atau memohon pengampunan. Namun, ia memilih untuk tetap teguh pada prinsip-prinsipnya. Ia berargumen bahwa hidup yang tidak diuji, hidup yang tidak didedikasikan untuk pencarian kebenaran dan kebajikan, tidak layak untuk dijalani. Ia lebih memilih mati daripada mengingkari apa yang ia yakini (A. E. Taylor, 1975).

Socrates menjalani hukuman mati dengan meminum racun. Kematiannya menjadi simbol yang kuat tentang integritas intelektual, keberanian moral, dan pengorbanan demi kebenaran. Ia menunjukkan bahwa filsafat bukan sekadar permainan kata-kata atau latihan akademis, tetapi jalan hidup yang menuntut komitmen penuh, bahkan dengan risiko yang paling besar. Kisah Socrates terus menginspirasi para pencari kebenaran di seluruh dunia, mengingatkan kita bahwa pertanyaan-pertanyaan mendasar tentang kehidupan, kematian, dan makna tetap relevan, dan bahwa jawaban atas pertanyaan-pertanyaan ini tidak selalu mudah ditemukan, tetapi layak untuk diperjuangkan (Zannos, 2005).

Istilah Kunci:

- **Mitos:** Cerita tradisional yang menjelaskan asal-usul dunia, fenomena alam, atau praktik budaya, seringkali melibatkan dewa-dewa, pahlawan, dan makhluk mitologis.
- **Logos:** Akal budi, penalaran, argumentasi rasional.
- **Polis:** Negara-kota di Yunani Kuno, unit politik dan sosial yang independen.
- **Arche:** Prinsip dasar atau asal mula segala sesuatu (istilah yang sering digunakan oleh para filsuf Pra-Socrates).

- **Apeiron:** Konsep Anaximander tentang prinsip dasar yang tak terbatas dan tak terdefinisi.
- **Panta Rhei:** Ungkapan Heraclitus yang berarti "semuanya mengalir", menekankan perubahan sebagai hukum alam.
- **Nous:** Akal budi atau pikiran, konsep yang diperkenalkan oleh Anaxagoras sebagai prinsip pengatur alam semesta.
- **Atom:** Partikel terkecil yang tidak dapat dibagi lagi, konsep yang dikembangkan oleh Democritus dan Leucippus.
- **Metode Dialektika (Elenchos):** Metode tanya jawab yang digunakan Socrates untuk menguji keyakinan dan mencapai definisi.
- **Teori Bentuk (Ide):** Teori Plato yang menyatakan bahwa realitas sejati ada di dunia Ide yang abadi dan sempurna, sedangkan dunia indrawi hanyalah bayangan atau tiruannya.
- **Eudaimonia:** Kebahagiaan, kesejahteraan, atau "hidup yang baik", tujuan hidup manusia menurut Aristoteles.
- **Arete:** Kebajikan, keunggulan, kualitas karakter yang memungkinkan seseorang berfungsi dengan baik.
- **Jalan Tengah (Golden Mean):** Prinsip etika Aristoteles yang menyatakan bahwa kebajikan terletak di antara dua ekstrem (kelebihan dan kekurangan).

Bacaan Lebih Lanjut:

- Guthrie, W. K. C. (1962-1981). A history of Greek philosophy (Vols. 1-6). Cambridge University Press. (Ini adalah karya standar yang sangat rinci tentang filsafat Yunani Kuno)
- Barnes, J. (2001). Early Greek philosophy. Penguin Classics. (Ini adalah pengantar yang baik untuk para filsuf Pra-Socrates)
- Plato. (Banyak terjemahan tersedia). The Republic, Apology, Meno, Phaedo. (Ini adalah beberapa karya Plato yang paling penting)
- Aristoteles. (Banyak terjemahan tersedia). Nicomachean Ethics, Politics, Metaphysics. (Ini adalah beberapa karya Aristoteles yang paling penting)
- Irwin, T. (1999). Classical philosophy. Oxford University Press. (Ini adalah pengantar yang baik untuk filsafat Yunani Klasik)

- Kenny, A. (2018). A new history of Western philosophy. Oxford University Press. (Buku ini memberikan gambaran umum yang komprehensif tentang sejarah filsafat Barat, dari zaman kuno hingga modern.)
- Warburton, N. (2011). A little history of philosophy. Yale University Press. (Buku ini adalah pengantar yang sangat mudah dibaca dan menarik untuk sejarah filsafat.)
- Russell, B. (1945). A history of Western philosophy. Simon & Schuster. (Meskipun agak tua, buku ini tetap menjadi salah satu pengantar sejarah filsafat yang paling populer.)

Pertanyaan Ulasan:

1. Jelaskan perbedaan utama antara cara pandang mitologis dan filosofis dalam memahami dunia.
2. Mengapa periode Pra-Socrates dianggap penting dalam sejarah filsafat?
3. Pilihlah satu filsuf Pra-Socrates dan jelaskan pemikiran utamanya. Bagaimana pemikiran tersebut berbeda dari penjelasan mitologis?
4. Apa yang dimaksud dengan metode dialektika Socrates? Berikan contoh bagaimana metode ini digunakan.
5. Jelaskan Teori Bentuk Plato. Bagaimana teori ini berhubungan dengan Alegori Gua?
6. Apa perbedaan utama antara pemikiran Plato dan Aristoteles?
7. Bagaimana konsep eudaimonia Aristoteles berhubungan dengan kebajikan?
8. Mengapa kematian Socrates dianggap penting dalam sejarah filsafat?
9. Menurut Anda, pemikiran filsuf Yunani Kuno mana yang paling relevan dengan kehidupan kita saat ini? Jelaskan.
10. Apa kritik utama yang dapat diajukan terhadap pemikiran para filsuf Pra-Socrates?
11. Bagaimana cara berfilsafat Socrates berbeda dengan kaum sofis?
12. Konsep apa yang diperkenalkan Anaxagoras dalam pemikiran filsafat?

BAB 5: LOGIKA DAN PENALARAN: MEMBANGUN ARGUMEN YANG KOKOH

Pendahuluan: Berpikir Jernih di Tengah Riuhnya Klaim

Dalam kehidupan sehari-hari, kita tak henti-hentinya berhadapan dengan berbagai macam klaim, pernyataan, dan argumen. Entah itu dari berita yang kita baca, iklan yang kita lihat, perdebatan di media sosial, diskusi dengan teman, atau bahkan dari pikiran kita sendiri. Bagaimana kita bisa memilah mana yang benar, mana yang salah, mana yang masuk akal, dan mana yang menyesatkan? Bagaimana kita bisa yakin bahwa keputusan yang kita ambil adalah keputusan yang tepat? Di sinilah logika dan penalaran berperan. Logika bukanlah sekadar seperangkat aturan kaku yang harus dihafal, melainkan alat yang sangat berdaya untuk berpikir jernih, mengevaluasi argumen, dan menghindari jebakan-jebakan dalam berpikir. Dengan menguasai logika, kita tidak hanya lebih mampu memahami dunia, tetapi juga lebih mampu mempertahankan pandangan kita sendiri secara bertanggung jawab dan mengambil keputusan yang lebih baik. Filsuf seperti Aristoteles telah sejak lama menyadari bahwa logika adalah fondasi bagi semua bentuk pengetahuan (Goranko, 2016).

5.1 Mencari Kebenaran: Deduksi, Induksi, dan Abduksi

Dalam usaha kita untuk memahami dunia dan mencari kebenaran, kita mengandalkan penalaran. Penalaran adalah proses berpikir di mana kita menghubungkan informasi yang kita miliki (yang disebut premis) dengan kesimpulan yang ingin kita capai. Ada berbagai cara untuk menalar, dan tidak semuanya sama kuatnya (Goranko, 2016).

- **Penalaran Deduktif:** Penalaran deduktif bergerak dari pernyataan umum menuju kesimpulan yang lebih khusus. Jika premis-premisnya benar, dan logika yang digunakan valid, maka kesimpulannya pasti benar. Ini adalah kekuatan deduksi: kepastian (Goranko, 2016).
    - Contoh Klasik:

- Premis 1: Semua manusia akan mati (pernyataan umum).
- Premis 2: Socrates adalah manusia.
- Kesimpulan: Socrates akan mati (kesimpulan khusus).

Jika kita yakin bahwa semua manusia akan mati, dan bahwa Socrates adalah manusia, maka kita tidak bisa menyangkal bahwa Socrates akan mati. Argumen ini valid – kesimpulannya pasti mengikuti premis. Namun, validitas saja tidak cukup. Sebuah argumen bisa valid tapi tidak benar (*unsound*) jika salah satu premisnya salah. Misalnya: "Semua kucing adalah alien. Garfield adalah kucing. Jadi, Garfield adalah alien." Argumen ini valid (strukturnya benar), tapi tidak benar karena premis pertamanya salah.

- **Penalaran Induktif:** Penalaran induktif bergerak dari pengamatan-pengamatan khusus menuju kesimpulan yang lebih umum. Induksi tidak pernah menjamin kebenaran kesimpulan secara mutlak. Ia hanya memberikan dukungan, yang bisa kuat atau lemah (Goranko, 2016).
  - Contoh:
    - Saya melihat 100 angsa, dan semuanya berwarna putih.
    - Saya menyimpulkan: "Semua angsa berwarna putih."

Kesimpulan ini mungkin saja benar, tetapi tidak pasti. Kita tidak pernah bisa mengamati semua angsa di dunia. Selalu ada kemungkinan ada angsa berwarna lain. Inilah kelemahan induksi, tapi juga kekuatannya. Induksi memungkinkan kita belajar dari pengalaman, membuat prediksi, dan merumuskan hukum-hukum alam, meskipun kesimpulan ini selalu terbuka untuk diperbaiki atau dibantah oleh bukti baru (Goranko, 2016).

- **Penalaran Abduktif**: Abduksi adalah penalaran yang mencari penjelasan terbaik dari fakta-fakta yang ada. Ini sering digunakan dalam ilmu pengetahuan, kedokteran, dan investigasi (Goranko, 2016).

- Contoh:
  - Dokter mengamati seorang pasien dengan demam tinggi, batuk, dan sakit tenggorokan.
  - Berdasar gejala tersebut, dokter menyimpulkan bahwa pasien mungkin menderita flu.
- Abduksi tidak memberikan kepastian, tapi memberikan penjelasan yang paling masuk akal berdasarkan bukti.

5.2 Pernyataan Logis: Bahan Dasar Argumen

Untuk membangun dan mengevaluasi argumen, kita perlu memahami struktur dasar pernyataan logis, atau proposisi. Proposisi adalah kalimat yang dapat dinilai benar atau salah. Contoh: "Bumi itu bulat" (benar), "2 + 2 = 5" (salah). Kita bisa menggabungkan proposisi sederhana menjadi lebih kompleks dengan operator logika:

- **Dan (Konjungsi):** Menggabungkan dua pernyataan, dan hanya benar jika kedua pernyataan itu benar. Contoh: "Hari ini hujan dan dingin."
- **Atau (Disjungsi):** Menggabungkan dua pernyataan, dan benar jika salah satu atau kedua pernyataan itu benar. Contoh: "Saya akan minum kopi atau teh."
- **Tidak (Negasi):** Membalikkan nilai kebenaran pernyataan. Contoh: "Bumi itu tidak datar."
- **Jika...maka... (Implikasi):** Menyatakan hubungan kondisional. Contoh: "Jika hujan, maka jalanan basah." (Ini hanya salah jika hujan tapi jalanan tidak basah).

Memahami operator logika ini membantu kita menganalisis dan menyusun argumen dengan lebih cermat (Goranko, 2016).

5.3 Argumen: Dari Premis Menuju Kesimpulan

Argumen adalah serangkaian pernyataan yang dirancang untuk meyakinkan kita tentang kebenaran suatu klaim (Goranko, 2016). Argumen yang baik harus memenuhi dua syarat:

1. **Validitas:** Struktur argumen harus logis. Jika premis-premisnya benar, maka kesimpulannya harus benar. (Ingat: Ini tidak menjamin premisnya benar, hanya jika benar, kesimpulannya juga benar).
2. **Kekuatan (Soundness):** Argumen harus valid dan semua premisnya benar-benar benar di dunia nyata.

5.4 Kesesatan Logika Informal: Jebakan yang Harus Dihindari

Dalam berargumen, kita seringkali tidak sengaja (atau sengaja) melakukan kesalahan. Kesalahan-kesalahan ini, yang disebut kesesatan logika informal, dapat melemahkan argumen kita atau menyesatkan orang lain. Mengenali kesesatan ini adalah kunci untuk berpikir kritis (Van Cleave, 2016). Antara lain:

1. **Ad hominem (Menyerang Pribadi):** Alih-alih menyerang argumen seseorang, kita malah menyerang karakter atau motif orang tersebut .
   - Contoh: "Jangan dengarkan dia, dia kan politisi yang korup!" (Serangan pada profesi dan ditambah asumsi, bukan pada substansi argumen).
2. **Straw Man (Manusia Jerami):** Kita membuat versi yang salah atau disederhanakan secara berlebihan dari argumen lawan, lalu menyerang versi yang salah itu.
   - Contoh: "Pendukung lingkungan hanya peduli pada pohon, tidak peduli pada manusia!" (Ini adalah penyederhanaan yang berlebihan dan tidak akurat. Pendukung lingkungan juga peduli pada manusia, tetapi mereka memiliki pandangan yang berbeda tentang bagaimana mencapai kesejahteraan manusia.)
3. **Appeal to Authority (Banding pada Otoritas):** Kita mengandalkan otoritas seseorang atau lembaga sebagai satu-satunya bukti, tanpa memberikan alasan atau bukti yang independen dan kuat.
   - Contoh: "Minumlah vitamin ini, kata dokter X!" (Dokter X mungkin saja benar, tetapi kita perlu tahu mengapa ia merekomendasikan vitamin itu. Apakah ada penelitian ilmiah yang mendukung?)

4. **False Dilemma (Dilema Palsu):** Kita menyajikan hanya dua pilihan, padahal ada pilihan lain yang mungkin. Ini memaksa orang untuk memilih antara dua ekstrem, mengabaikan kemungkinan-kemungkinan lain.
    - Contoh: "Kamu harus memilih antara mendukung kebijakan ini atau menjadi pengkhianat bangsa!" (Padahal, mungkin saja ada orang yang tidak setuju dengan kebijakan itu karena alasan-alasan yang sah, bukan karena mereka tidak patriotik.)
5. **Slippery Slope (Lereng Licin):** Kita berargumen bahwa satu tindakan kecil pasti akan mengarah pada serangkaian konsekuensi buruk, tanpa memberikan bukti yang cukup tentang hubungan sebab-akibat tersebut.
    - Contoh: "Jika kita membiarkan anak-anak bermain game, mereka akan menjadi kecanduan, nilai-nilai mereka akan buruk, dan mereka akan menjadi penjahat!" (Ini adalah lompatan logika yang tidak berdasar. Bermain game mungkin memiliki beberapa efek negatif, tetapi tidak otomatis membuat anak menjadi penjahat.)
6. **Hasty Generalization (Generalisasi Tergesa-gesa):** Kita menarik kesimpulan yang terlalu umum berdasarkan sampel yang terlalu kecil atau tidak representatif.
    - Contoh: "Saya bertemu dua orang dari negara Y, dan mereka berdua tidak sopan. Jadi, semua orang dari negara Y pasti tidak sopan." (Dua orang tidak mewakili seluruh populasi negara.)
7. **Appeal to Ignorance (Banding pada Ketidaktahuan):** Kita mengklaim bahwa sesuatu itu benar karena belum terbukti salah, atau sebaliknya.
    - Contoh: "Tidak ada yang bisa membuktikan bahwa hantu tidak ada, jadi hantu pasti ada." (Ketiadaan bukti bukan bukti.)
8. **Circular Reasoning (Penalaran Melingkar):** Kita menggunakan kesimpulan sebagai premis, atau premis dan kesimpulan saling mendukung tanpa ada bukti eksternal.
    - Contoh: "Novel ini ditulis dengan baik karena penulisnya hebat. Penulisnya hebat karena novel ini ditulis dengan

baik." (Ini hanya berputar-putar dan tidak memberikan informasi yang substansial.)

9. **Equivocation (Ekuivokasi):** Kita menggunakan kata atau frasa yang sama dengan arti yang berbeda dalam satu argumen.
   - Contoh: "Hukum gravitasi hanyalah sebuah 'teori'. Jadi, kita tidak perlu terlalu mempercayainya." (Kata 'teori' digunakan dengan dua arti yang berbeda: teori ilmiah yang didukung bukti kuat, dan dugaan biasa.)
10. **Post hoc ergo propter hoc (Setelah Ini, Maka Karena Ini):** Kita mengasumsikan bahwa karena peristiwa A terjadi sebelum peristiwa B, maka A adalah penyebab B.
    - Contoh: "Saya memakai gelang keberuntungan, dan tim saya menang. Jadi, gelang itu membawa keberuntungan." (Ini mungkin hanya kebetulan.)
11. **Red Herring (Ikan Herring Merah):** Kita mengalihkan perhatian dari argumen utama dengan memperkenalkan isu yang tidak relevan.
    - Contoh: Dalam debat tentang pendidikan, seseorang berkata, "Tapi bagaimana dengan masalah sampah di kota ini? Kita harus fokus pada kebersihan!" (Kebersihan kota mungkin penting, tapi tidak relevan dengan argumen tentang pendidikan.)
12. **Bandwagon (Ikut-ikutan):** Kita berargumen bahwa sesuatu itu benar atau baik hanya karena banyak orang yang percaya atau melakukannya.
    - Contoh: "Semua teman saya punya smartphone terbaru, jadi saya juga harus punya." (Popularitas tidak menjamin kualitas atau kebutuhan.)

Dengan mengenali dan menghindari kesesatan-kesesatan logika ini, kita dapat meningkatkan kualitas argumen kita sendiri dan menilai argumen orang lain dengan lebih kritis. Ini adalah keterampilan penting yang tidak hanya berguna dalam filsafat, tetapi juga dalam semua aspek kehidupan.

Istilah Kunci:

- **Logika:** Studi tentang prinsip-prinsip penalaran yang valid dan inferensi yang benar.
- **Penalaran:** Proses berpikir yang menghubungkan informasi yang diketahui (premis) dengan kesimpulan.
- **Argumen:** Serangkaian pernyataan (premis) yang dimaksudkan untuk mendukung pernyataan lain (kesimpulan).
- **Premis:** Pernyataan yang diberikan sebagai alasan atau bukti untuk mendukung kesimpulan.
- **Kesimpulan:** Pernyataan yang didukung oleh premis-premis dalam sebuah argumen.
- **Validitas:** Sifat argumen deduktif di mana, jika premis-premisnya benar, maka kesimpulannya pasti benar. (Hanya tentang struktur argumen, bukan kebenaran isi).
- **Kekuatan (Soundness):** Sifat argumen yang valid dan memiliki premis-premis yang benar.
- **Deduksi:** Jenis penalaran yang bergerak dari pernyataan umum ke kesimpulan khusus.
- **Induksi:** Jenis penalaran yang bergerak dari pengamatan khusus ke kesimpulan umum.
- **Abduksi:** Jenis penalaran yang mencari penjelasan terbaik untuk fakta yang ada.
- **Proposisi:** Pernyataan yang dapat bernilai benar atau salah.
- **Operator Logika:** Kata atau simbol yang digunakan untuk menggabungkan atau memodifikasi proposisi (misalnya, "dan", "atau", "tidak", "jika...maka...").
- **Kesesatan Logika Informal (Informal Fallacy):** Kesalahan umum dalam penalaran yang membuat argumen menjadi lemah atau tidak valid, meskipun mungkin tampak meyakinkan.
- **Ad hominem:** Menyerang pribadi penutur, bukan argumennya.
- **Straw Man:** Menyalahartikan atau menyederhanakan argumen lawan agar lebih mudah diserang.
- **Appeal to Authority:** Mengandalkan otoritas tanpa memberikan bukti yang independen.
- **False Dilemma:** Menyajikan hanya dua pilihan, padahal ada pilihan lain.
- **Slippery Slope:** Mengklaim bahwa satu tindakan akan mengarah pada konsekuensi buruk tanpa bukti yang cukup.

- **Hasty Generalization:** Menarik kesimpulan umum dari sampel yang terlalu kecil.
- **Appeal to Ignorance:** Mengklaim sesuatu benar karena belum terbukti salah (atau sebaliknya).
- **Circular Reasoning:** Menggunakan kesimpulan sebagai premis, atau premis dan kesimpulan saling mendukung tanpa bukti eksternal.
- **Equivocation:** Menggunakan kata atau frasa yang sama dengan arti yang berbeda dalam satu argumen.
- **Post hoc ergo propter hoc:** Mengasumsikan hubungan sebab-akibat hanya berdasarkan urutan kejadian.
- **Red Herring:** Mengalihkan perhatian dari argumen utama dengan isu yang tidak relevan.
- **Bandwagon:** Mengklaim sesuatu benar atau baik karena banyak orang percaya atau melakukannya.

Bacaan Lebih Lanjut:

- Hurley, P. J., & Watson, L. (2018). A concise introduction to logic. Cengage Learning. (Atau buku teks logika pengantar lainnya)
- Weston, A. (2008). A rulebook for arguments. Hackett Publishing Company. (Buku panduan singkat dan praktis tentang argumentasi)
- Damer, T. E. (2008). Attacking faulty reasoning: A practical guide to fallacy-free arguments. Wadsworth Cengage Learning. (Buku yang membahas berbagai jenis kesesatan logika)
- Priest, G. (2000). Logic: A very short introduction. Oxford University Press. (Pengantar yang sangat singkat dan mudah dipahami tentang logika)
- Bowell, T., & Kemp, G. (2014). Critical thinking: A concise guide. Routledge. (Panduan yang lebih komprehensif tentang berpikir kritis, termasuk logika)
- Toulmin, S. E. (2003). The uses of argument (Updated ed.). Cambridge University Press. (Buku klasik tentang teori argumentasi)
- Walton, D. N. (2008). Informal logic: A pragmatic approach. Cambridge University Press. (Pembahasan tentang logika informal dan kesesatan logika)

Pertanyaan Ulasan:

1. Mengapa logika penting dalam filsafat dan kehidupan sehari-hari?
2. Jelaskan perbedaan antara penalaran deduktif dan induktif. Berikan contoh masing-masing.
3. Apa yang dimaksud dengan argumen yang valid? Apa bedanya dengan argumen yang kuat (sound)?
4. Jelaskan apa itu abduksi. Berikan contoh bagaimana abduksi digunakan dalam kehidupan sehari-hari.
5. Pilih tiga kesesatan logika informal yang berbeda. Jelaskan dengan kata-kata Anda sendiri, dan berikan contoh masing-masing.
6. Mengapa penting untuk mengenali dan menghindari kesesatan logika dalam berpikir dan berargumen?
7. Bagaimana dengan techne dan sofis? apa hubungannya dengan logika?
8. Bagaimana kita dapat menerapkan prinsip-prinsip logika dan penalaran dalam mengevaluasi informasi yang kita temukan di media sosial?
9. Menurut Anda, apakah kemampuan berpikir logis adalah sesuatu yang bawaan lahir, atau sesuatu yang dapat dipelajari dan dikembangkan? Jelaskan.
10. Berikan contoh argumen yang Anda anggap kuat dan meyakinkan. Jelaskan mengapa Anda menganggapnya kuat.
11. Berikan contoh argumen yang Anda anggap lemah atau menyesatkan. Identifikasi kesalahan logika yang mungkin ada di dalamnya.
12. Apakah mungkin untuk berpikir kritis tanpa menggunakan logika? Jelaskan.

BAB 6: METAFISIKA: MENJELAJAHI REALITAS YANG TAK TERLIHAT

Pendahuluan: Pertanyaan-Pertanyaan di Balik yang Nyata

Pernahkah Anda menatap langit malam yang bertaburan bintang dan bertanya-tanya, "Apa sebenarnya semua ini?" Atau, pernahkah Anda melihat cermin dan berpikir, "Siapakah aku sebenarnya?" Pertanyaan-pertanyaan yang terasa besar dan membingungkan ini adalah pertanyaan metafisika. Metafisika adalah cabang filsafat yang berusaha memahami hakikat realitas yang paling mendasar. Ia tidak hanya berbicara tentang apa yang tampak di permukaan, tetapi menggali lebih dalam, mencari tahu apa yang ada di balik yang nyata, apa yang memungkinkan segala sesuatu ada, dan bagaimana segala sesuatu itu berhubungan satu sama lain (Inman, 2024).

Metafisika mengajukan pertanyaan-pertanyaan seperti: Apa itu realitas? Apakah dunia ini hanya terdiri dari materi, ataukah ada sesuatu yang lain? Apa itu keberadaan? Apa bedanya antara ada dan tidak ada? Apa itu substansi, waktu, dan ruang? Apakah kita memiliki jiwa yang abadi? Apakah kita benar-benar bebas, ataukah semua tindakan kita sudah ditentukan? Ini adalah pertanyaan-pertanyaan yang tidak mudah dijawab, dan tidak ada jawaban tunggal yang disepakati oleh semua filsuf. Namun, justru dalam pergumulan dengan pertanyaan-pertanyaan inilah kita dapat memperdalam pemahaman kita tentang dunia dan diri kita sendiri (Inman, 2024).

6.1 Substansi: Mencari yang Tetap di Tengah Perubahan

Salah satu pertanyaan sentral dalam metafisika adalah tentang substansi. Apa itu substansi? Sederhananya, substansi adalah sesuatu yang mendasari segala sesuatu, sesuatu yang tetap ada meskipun yang lain berubah. Bayangkan sebuah patung lilin. Bentuknya bisa diubah menjadi apa saja – manusia, hewan, tumbuhan – tetapi lilinnya tetap sama. Lilin itulah substansi patung (Koons & Pickavance, 2017).

Para filsuf berdebat tentang apa substansi dasar dari segala sesuatu (Koons & Pickavance, 2017). Beberapa pandangan utama:

- Monisme: Hanya ada satu substansi dasar. Ada yang bilang materi (ini disebut materialisme). Bagi materialis, pikiran dan kesadaran itu hanyalah hasil dari proses fisik di otak, seperti panas yang dihasilkan oleh mesin. Ada juga yang bilang pikiran atau kesadaran (ini disebut idealisme). Bagi idealis, dunia materi itu seperti mimpi dalam pikiran Tuhan, atau pikiran kita sendiri.
- Dualisme: Ada dua substansi yang berbeda: materi (fisik) dan pikiran (non-fisik). Ini seperti yang dikatakan Descartes, ada res cogitans (pikiran) dan res extensa (tubuh). Tapi, bagaimana keduanya berinteraksi? Ini jadi masalah besar bagi dualisme.
- Pluralisme: Ada banyak substansi yang berbeda.

Perdebatan tentang substansi ini tidak hanya terjadi di masa lalu. Ini masih menjadi perdebatan hangat dalam filsafat, terutama dalam filsafat pikiran.

6.2 Diri dan Identitas: Topeng dan Wajah Asli

"Siapakah aku?" Pertanyaan ini mungkin pernah terlintas dalam pikiran Anda, mungkin saat Anda bercermin, atau merenung sendirian. Ini bukan pertanyaan sederhana. Ini adalah pertanyaan metafisika tentang diri dan identitas (Leary & Tangney, 2012).

Apakah "aku" ini hanya kumpulan pengalaman, pikiran, dan perasaan yang terus berubah, seperti sungai yang mengalir? Ataukah ada sesuatu yang lebih permanen, sesuatu yang tetap sama sepanjang waktu, seperti dasar sungai itu?

Ada berbagai pandangan tentang ini:

- Teori Jiwa: Beberapa tradisi percaya bahwa diri adalah jiwa yang tidak mati, terpisah dari tubuh. Tapi, bagaimana jiwa yang bukan fisik ini bisa berinteraksi dengan tubuh yang fisik?
- Teori Tubuh: Ada yang berpendapat bahwa diri adalah tubuh kita. Tapi, tubuh kita terus berubah. Sel-sel kita mati dan diganti. Apakah kita masih orang yang sama?
- Teori Ingatan: Filsuf John Locke berpendapat bahwa diri adalah kesadaran dan ingatan. Kita adalah orang yang sama selama kita

ingat pengalaman masa lalu kita. Tapi, bagaimana dengan orang yang amnesia? Apakah mereka kehilangan diri mereka?

- Teori Naratif: Beberapa filsuf berpendapat bahwa diri adalah cerita yang kita ceritakan tentang diri kita sendiri. Identitas kita dibentuk oleh narasi yang kita susun dari pengalaman kita. Tapi, cerita kita bisa berubah. Apakah ini berarti diri kita juga berubah?
- Diri relasional: Diri adalah hubungan-hubungan kita dengan orang sekitar kita.

Dari sudut pandang yang dekat dengan eksistensialisme, pertanyaan tentang diri tidak bisa dipisahkan dari kebebasan. Jika kita benar-benar bebas, maka kita bertanggung jawab untuk menciptakan diri kita sendiri. Kita bukan hanya produk dari masa lalu atau lingkungan kita. Kita bisa memilih untuk menjadi siapa yang kita inginkan. Tapi, kebebasan ini juga menakutkan. Kita tidak bisa menyalahkan orang lain atas siapa diri kita. Kita sepenuhnya bertanggung jawab (Leary & Tangney, 2012).

6.3 Kosmologi: Dari Mana Asal Kita? Sebuah Pertanyaan Abadi

Kosmologi adalah cabang metafisika yang bertanya tentang asal-usul, struktur, dan nasib alam semesta (Roos, 2015). Sejak dahulu kala, manusia menatap langit dan bertanya-tanya: Bagaimana semua ini bermula? Apakah ada awal dan akhir dari segala sesuatu? Apakah ada tatanan atau pola yang mendasari kekacauan yang tampak?

Bayangkan Anda sedang berjalan di pantai dan menemukan sebuah jam tangan. Anda mungkin akan bertanya: Siapa yang membuat jam tangan ini? Bagaimana jam tangan ini bisa ada di sini? Anda mungkin akan menyimpulkan bahwa jam tangan ini tidak mungkin tercipta dengan sendirinya. Pasti ada seseorang yang merancangnya dan membuatnya.

Pertanyaan tentang asal-usul alam semesta mirip dengan pertanyaan tentang asal-usul jam tangan. Apakah alam semesta ini tercipta dengan sendirinya, secara kebetulan? Ataukah ada sesuatu atau seseorang yang merancangnya dan menciptakannya?

Beberapa orang percaya bahwa alam semesta ini memiliki awal. Mereka mungkin berargumen bahwa segala sesuatu yang memiliki awal pasti memiliki penyebab. Alam semesta memiliki awal, jadi pasti ada sesuatu yang menyebabkannya. Sesuatu ini mungkin kita sebut sebagai "Penyebab Pertama", "Penggerak yang Tak Tergerakkan", atau dengan nama lain (Roos, 2015).

Ada pula yang percaya bahwa alam semesta ini selalu ada, tidak memiliki awal dan tidak memiliki akhir. Mereka mungkin berargumen bahwa tidak perlu ada penyebab pertama, karena alam semesta selalu ada dan akan selalu ada (Roos, 2015).

Ada juga yang melihat keteraturan dan kompleksitas alam semesta – orbit planet, siklus kehidupan, keindahan alam – dan berargumen bahwa semua ini tidak mungkin terjadi secara kebetulan. Pasti ada semacam kecerdasan atau kekuatan yang mengaturnya (Roos, 2015).

Penting untuk diingat bahwa ini adalah pertanyaan-pertanyaan filosofis, bukan pertanyaan ilmiah atau agama dalam arti yang sempit. Filsafat tidak berusaha untuk memberikan jawaban pasti tentang keberadaan atau sifat dari "Penyebab Pertama" atau "Kecerdasan Tertinggi". Filsafat berusaha untuk memahami berbagai cara manusia memikirkan pertanyaan-pertanyaan ini, dan implikasi dari jawaban-jawaban yang mungkin. Yang terpenting adalah terus bertanya, terus merenung, dan terus mencari.

6.4 Kehendak Bebas: Ilusi atau Kenyataan yang Memberi Makna?

Apakah kita benar-benar bebas untuk memilih tindakan kita? Ataukah semua tindakan kita sudah ditentukan oleh faktor-faktor di luar kendali kita – gen, lingkungan, hukum alam, atau bahkan takdir? Ini adalah pertanyaan tentang kehendak bebas (free will), salah satu perdebatan paling abadi dalam filsafat (Van Inwagen, 2008).

Ada berbagai pandangan (McKenna & Pereboom, 2016), antara lain:

- Determinisme: Pandangan bahwa semua peristiwa, termasuk tindakan manusia, sudah ditentukan oleh hukum sebab-akibat. Tidak ada yang namanya kehendak bebas. Kita merasa bebas, tapi itu hanya ilusi.
- Libertarianisme: Pandangan bahwa kita memiliki kehendak bebas. Kita bisa memilih untuk bertindak berbeda dari apa yang telah ditentukan. Kebebasan ini membuat kita bertanggung jawab atas tindakan kita.
- Kompatibilisme: Pandangan bahwa kehendak bebas dan determinisme bisa berjalan bersamaan. Kita mungkin ditentukan oleh faktor-faktor tertentu, tetapi kita tetap memiliki kebebasan dalam batas-batas determinisme tersebut. Misalnya, tindakan kita mungkin dipengaruhi oleh gen dan lingkungan, tetapi kita tetap memiliki kemampuan untuk mempertimbangkan pilihan dan membuat keputusan.

Perdebatan ini bukan hanya perdebatan akademis. Ini memiliki implikasi yang sangat besar bagi moralitas. Jika kita tidak punya kehendak bebas, bisakah kita benar-benar bertanggung jawab atas tindakan kita? Apakah konsep pahala dan hukuman masih masuk akal? Dari sudut pandang yang dekat dengan eksistensialisme, kehendak bebas adalah sumber dari kecemasan kita. Kita dihadapkan pada pilihan-pilihan yang tak terhitung jumlahnya, dan kita tahu bahwa setiap pilihan memiliki konsekuensi. Kita tidak bisa lari dari tanggung jawab ini. Kebebasan adalah beban, tetapi juga anugerah. Kebebasan inilah yang memungkinkan kita untuk menciptakan makna dalam hidup, untuk menentukan siapa diri kita, dan untuk menjalani hidup yang autentik (McKenna & Pereboom, 2016).

Rangkuman Bab 6

Dalam bab ini, kita menjelajahi beberapa pertanyaan metafisika yang paling mendasar: tentang substansi, diri, Tuhan, dan kehendak bebas. Kita melihat bahwa tidak ada jawaban tunggal yang mudah untuk pertanyaan-pertanyaan ini. Para filsuf telah berdebat tentang isu-isu ini selama berabad-abad, dan perdebatan ini terus berlangsung. Namun, justru dalam pergumulan dengan pertanyaan-pertanyaan inilah kita dapat memperdalam pemahaman kita tentang dunia dan diri kita sendiri. Metafisika menantang kita untuk berpikir di luar batas-batas pengalaman sehari-hari, untuk merenungkan hakikat realitas yang terdalam.

Istilah Kunci:

- Metafisika: Cabang filsafat yang mempelajari hakikat realitas, keberadaan, substansi, waktu, ruang, diri, Tuhan, dan kehendak bebas.
- Substansi: Sesuatu yang mendasari segala sesuatu, yang tetap ada meskipun yang lain berubah.
- Monisme: Pandangan bahwa hanya ada satu substansi dasar.
- Materialisme: Pandangan bahwa hanya materi yang benar-benar ada.
- Idealisme: Pandangan bahwa hanya pikiran atau kesadaran yang benar-benar ada.
- Dualisme: Pandangan bahwa ada dua substansi dasar yang berbeda: materi dan pikiran.
- Diri (Self): Konsep tentang identitas pribadi, yang seringkali dipertanyakan dalam filsafat.
- Kosmologi: Cabang metafisika yang mempelajari asal-usul, struktur, dan nasib alam semesta.
- Argumen Kosmologis: Argumen yang berusaha membuktikan keberadaan Tuhan berdasarkan fakta bahwa alam semesta ada.
- Argumen Teleologis: Argumen yang berusaha membuktikan keberadaan Tuhan berdasarkan keteraturan dan kompleksitas alam semesta.
- Masalah Kejahatan: Argumen yang mempertanyakan keberadaan Tuhan berdasarkan adanya penderitaan dan kejahatan di dunia.
- Kehendak Bebas (Free Will): Kemampuan untuk memilih tindakan secara bebas, tanpa paksaan atau penentuan sebelumnya.
- Determinisme: Pandangan bahwa semua peristiwa, termasuk tindakan manusia, ditentukan oleh hukum sebab-akibat.
- Libertarianisme: Pandangan bahwa manusia memiliki kehendak bebas yang nyata.

- Kompatibilisme: Pandangan bahwa kehendak bebas dan determinisme dapat didamaikan.
- Ada (Being): Istilah yang sangat umum dan mendasar dalam filsafat, merujuk pada keberadaan itu sendiri, atau kenyataan bahwa segala sesuatu itu ada.

Bacaan Lebih Lanjut:

- Sumber Primer:
  - Plato. Republik (terutama Buku VI dan VII, tentang Alegori Gua dan Teori Bentuk). (Banyak terjemahan, cari yang modern dan mudah dipahami, misalnya terjemahan Gramedia Pustaka Utama)
  - Aristoteles. Metafisika. (Banyak terjemahan, cari yang pengantar atau ringkasannya dulu, misalnya dari penerbit IRCiSoD)
  - Descartes, René. Renungan tentang Filsafat Pertama (Meditations on First Philosophy). (Banyak terjemahan, cari yang pengantar, misalnya dari penerbit Bentang Pustaka)
  - Kutipan-kutipan terpilih dari filsuf Pra-Socrates (misalnya, dari buku Early Greek Philosophy karya Jonathan Barnes, atau sumber online terpercaya).
  - Bhagavad Gita (cari terjemahan yang mudah dipahami, dengan pengantar yang menjelaskan konteks filosofisnya)
  - Tao Te Ching (cari terjemahan yang mudah dipahami, dengan pengantar)
  - Al Kindi (On First Philosophy).
  - Al Farabi (The Perfect State)
  - Ibnu Sina (The Canon of Medicine, The Book of Healing)
  - Ibnu Rusyd (Tahafut al-Tahafut)
- Sumber Sekunder (buku pengantar dan artikel):
  - Loux, M. J. (2006). Metaphysics: A contemporary introduction (3rd ed.). Routledge. (Ini adalah buku teks standar, tapi mungkin agak sulit untuk pemula. Cari edisi yang lebih baru jika ada.)

- van Inwagen, P., & Zimmerman, D. W. (Eds.). (2008). Metaphysics: The big questions (2nd ed.). Blackwell Publishing. (Ini adalah kumpulan artikel yang lebih mudah diakses daripada buku teks.)
- Carr, B. (2012). Metaphysics: An introduction. Palgrave Macmillan. (Ini mungkin lebih mudah diakses daripada Loux.)
- Poedjawijatna, I.R. (1983). Pembimbing ke Arah Alam Filsafat. (Buku pengantar dalam Bahasa Indonesia, mungkin bisa ditemukan di perpustakaan universitas.)
- Tjahjadi, S.P. Lili. (2004) Pengantar Metafisika.
- Artikel-artikel di Stanford Encyclopedia of Philosophy dan Internet Encyclopedia of Philosophy tentang topik-topik yang relevan (misalnya, "Substance", "Identity", "Free Will", "Cosmological Argument", dll.).

Pertanyaan Ulasan:

1. Jelaskan perbedaan antara monisme, dualisme, dan pluralisme. Berikan contoh filsuf atau aliran pemikiran yang mewakili masing-masing pandangan.
2. Jika diri kita terus berubah sepanjang waktu, apa yang membuat kita tetap merasa menjadi orang yang sama?
3. Bagaimana konsep diri berhubungan dengan kebebasan dan tanggung jawab?
4. Bagaimana pertanyaan tentang asal-usul alam semesta dapat memicu perenungan filosofis?
5. Jelaskan alegori jam tangan dan hubungannya dengan pertanyaan tentang desain atau tujuan dalam alam semesta.
6. Jika semua tindakan kita sudah ditentukan, apakah kita masih bisa bertanggung jawab atas tindakan kita? Mengapa ya, atau mengapa tidak?
7. Apakah kebebasan itu sesuatu yang menakutkan? Mengapa?

BAB 7: EPISTEMOLOGI: MEMPERTANYAKAN PENGETAHUAN

Pendahuluan: Apa yang Kita Ketahui, dan Bagaimana Kita Tahu?

Setiap hari, kita mengandalkan pengetahuan untuk menjalani hidup. Kita tahu cara membuka pintu, tahu nama teman-teman, tahu bahwa Bumi itu bulat. Tapi, pernahkah Anda berhenti sejenak dan bertanya: Apa sebenarnya pengetahuan itu? Bagaimana kita bisa yakin bahwa apa yang kita yakini itu benar? Dari mana pengetahuan berasal? Apakah ada batas untuk apa yang bisa kita ketahui?

Pertanyaan-pertanyaan inilah yang menjadi inti dari epistemologi, cabang filsafat yang mengkaji hakikat, sumber, dan batas pengetahuan manusia. Epistemologi tidak hanya berurusan dengan fakta-fakta atau informasi tertentu (seperti siapa presiden Indonesia, atau berapa jarak Bumi ke Bulan). Epistemologi berurusan dengan pertanyaan yang lebih mendasar tentang bagaimana kita memperoleh pengetahuan secara umum, bagaimana kita membenarkan keyakinan kita, dan apakah kita benar-benar bisa yakin akan kebenaran dari apa pun. Ia menantang kita untuk mempertanyakan dasar dari keyakinan kita sendiri (Dancy et al., 2010).

7.1 Apa yang Dipelajari Epistemologi? Menjelajahi Wilayah Pengetahuan

Epistemologi, dari bahasa Yunani *episteme* (pengetahuan) dan *logos* (kajian), secara harfiah berarti "kajian tentang pengetahuan". Namun, epistemologi lebih dari sekadar ilmu dalam pengertian modern. Ia adalah cabang filsafat yang mengajukan pertanyaan-pertanyaan kritis tentang hakikat pengetahuan itu sendiri (Dancy et al., 2010).

Epistemologi tidak hanya berurusan dengan pertanyaan seperti "Siapa presiden Indonesia saat ini?" atau "Berapa jarak Bumi ke Bulan?". Pertanyaan-pertanyaan ini memang membutuhkan pengetahuan, tetapi pengetahuan yang bersifat faktual (Dancy et al., 2010). Epistemologi lebih tertarik pada pertanyaan-pertanyaan seperti:

- Apa itu pengetahuan? Apa bedanya pengetahuan dengan sekadar kepercayaan, opini, atau perkiraan?
- Bagaimana kita memperoleh pengetahuan? Apakah melalui pengalaman indrawi, akal budi, intuisi, otoritas, atau kombinasi dari semuanya?
- Apa sumber pengetahuan yang paling dapat diandalkan?
- Apakah ada batas untuk apa yang dapat kita ketahui? Apakah ada hal-hal yang pada prinsipnya tidak dapat kita ketahui?
- Apa itu kebenaran? Bagaimana kita menentukan apakah suatu keyakinan itu benar atau salah?
- Apakah pengetahuan itu objektif? Ataukah pengetahuan selalu dipengaruhi oleh perspektif, pengalaman, dan nilai-nilai kita?

Epistemologi tidak berusaha memberikan jawaban pasti atas semua pertanyaan ini. Sebaliknya, ia menjelajahi berbagai kemungkinan jawaban, menganalisis kekuatan dan kelemahan masing-masing, dan menantang kita untuk memikirkan kembali asumsi-asumsi kita tentang pengetahuan (Dancy et al., 2010).

7.2 Pengetahuan: Kepercayaan, Kebenaran, dan... Sesuatu yang Lain?

Apa bedanya mengetahui sesuatu dengan sekadar mempercayainya? Kita mungkin beropini bahwa musik klasik lebih baik dari musik pop, tetapi apakah itu pengetahuan? Secara tradisional, filsuf mendefinisikan pengetahuan sebagai "kepercayaan yang benar dan terjustifikasi" (justified true belief). Artinya, untuk mengetahui sesuatu, kita tidak hanya harus percaya pada sesuatu itu, tetapi keyakinan kita juga harus benar (sesuai dengan kenyataan), dan kita harus memiliki alasan yang baik (justifikasi) untuk mempercayainya (Kattsoff, 1953).

- Kepercayaan: Kita harus meyakini sesuatu itu benar.
- Kebenaran: Apa yang kita yakini harus sesuai dengan kenyataan.
- Justifikasi: Kita harus memiliki alasan yang baik atau bukti yang mendukung keyakinan kita.

Namun, definisi klasik ini tidak sempurna. Filsuf Edmund Gettier, pada abad ke-20, memberikan contoh-contoh yang menunjukkan bahwa seseorang bisa saja memiliki kepercayaan yang benar dan terjustifikasi, tetapi tetap tidak memiliki pengetahuan (Kattsoff, 1953).

Contoh Masalah Gettier:

Bayangkan Ani melihat jam dinding yang menunjukkan pukul 10 pagi, dan ia percaya bahwa sekarang memang pukul 10 pagi. Kebetulan, jam tersebut rusak dan sudah berhenti sejak kemarin, tetapi secara kebetulan, sekarang memang benar-benar pukul 10 pagi.

Dalam kasus ini, Ani percaya bahwa sekarang pukul 10 pagi, kepercayaan itu benar (secara kebetulan), dan Ani memiliki justifikasi (ia melihat jam dinding). Namun, intuisi kita mengatakan bahwa Ani tidak benar-benar tahu bahwa sekarang pukul 10 pagi. Kebenaran keyakinannya hanyalah kebetulan.

Contoh-contoh seperti ini memaksa para filsuf untuk memikirkan kembali apa sebenarnya yang membuat suatu kepercayaan menjadi pengetahuan. Apakah ada unsur lain yang diperlukan, selain kepercayaan, kebenaran, dan justifikasi?

7.3 Justifikasi: Dari Mana Datangnya Keyakinan yang Kuat?

Jika pengetahuan membutuhkan justifikasi, apa yang membuat suatu keyakinan terjustifikasi? Dari mana kita mendapatkan alasan atau bukti yang cukup kuat untuk meyakini sesuatu? Sepanjang sejarah filsafat, berbagai pendekatan telah diajukan (Levy, 2021).

Beberapa filsuf, yang dikenal sebagai rasionalis, berpendapat bahwa akal budi adalah sumber utama pengetahuan dan justifikasi. Mereka percaya bahwa ada kebenaran-kebenaran fundamental yang dapat kita ketahui secara pasti melalui akal budi, terlepas dari pengalaman. Contohnya adalah kebenaran matematika atau prinsip-prinsip logika. Kebenaran-kebenaran ini tampak jelas dan pasti (Levy, 2021).

Di sisi lain, empirisme menekankan pengalaman indrawi sebagai sumber utama pengetahuan. Bagi para empiris, pikiran kita awalnya kosong, dan pengalamanlah yang mengisi dengan ide-ide. Kita belajar tentang dunia melalui pengamatan, eksperimen, dan generalisasi (Levy, 2021).

Ada pula pendekatan lain, seperti koherentisme, yang berpendapat bahwa suatu keyakinan terjustifikasi jika sesuai (koheren) dengan keyakinan-keyakinan kita yang lain. Pengetahuan, dalam pandangan ini, adalah sistem keyakinan yang saling mendukung. Sementara itu, fundamentalisme menyatakan bahwa ada keyakinan-keyakinan dasar yang tidak memerlukan justifikasi lebih lanjut (Levy, 2021).

Namun, ada pula pendekatan yang menekankan peran intuisi. Immanuel Kant, seorang filsuf yang sangat berpengaruh, berpendapat bahwa pengetahuan kita tidak hanya berasal dari pengalaman, tetapi juga dari struktur pikiran kita sendiri. Kant percaya bahwa konsep-konsep seperti ruang dan waktu bukanlah sesuatu yang kita pelajari dari pengalaman, melainkan bentuk-bentuk intuisi murni yang sudah ada dalam pikiran kita, yang memungkinkan kita untuk memahami dunia. Kita secara intuitif memahami bahwa setiap peristiwa memiliki sebab, atau bahwa dua garis sejajar tidak akan pernah bertemu. Bagi Kant, ada batas untuk apa yang dapat kita ketahui. Kita hanya dapat mengetahui fenomena, yaitu dunia sebagaimana yang tampak bagi kita, yang dibentuk oleh struktur pikiran kita. Kita tidak dapat mengetahui noumena, yaitu dunia sebagaimana adanya, terlepas dari cara kita memahaminya (Guyer, 2006).

Ketika intuisi telah memberikan wawasan awal, hermeneutika – seni menafsirkan – dapat membantu kita memahami, mengembangkan, dan menguji wawasan tersebut. Hermeneutika mengakui bahwa pemahaman kita selalu terikat pada konteks, latar belakang, dan prasangka kita. Tidak ada interpretasi yang benar-benar netral. Namun, dengan menyadari keterbatasan kita dan berusaha untuk memahami perspektif lain, kita dapat memperdalam pemahaman kita. Intuisi dan hermeneutika, dengan demikian, dapat bekerja sama dalam proses pencarian pengetahuan (Guyer, 2006).

7.4 Skeptisisme: Meragukan Segalanya?

Bagaimana jika semua yang kita yakini itu salah? Bagaimana jika kita sedang bermimpi, atau ditipu oleh kekuatan jahat, atau hanya otak dalam tong yang diberi rangsangan untuk menciptakan ilusi realitas? Ini adalah pertanyaan-pertanyaan yang diajukan oleh para skeptis (Schwitzgebel, 2017).

Skeptisisme adalah pandangan bahwa kita tidak dapat mengetahui apa pun dengan pasti. Para skeptis menantang kita untuk memberikan bukti yang tak terbantahkan untuk keyakinan-keyakinan kita. Mereka berpendapat bahwa selalu ada kemungkinan bahwa kita salah (Schwitzgebel, 2017).

- Argumen Skeptis Klasik: Argumen Mimpi: Bagaimana kita tahu bahwa kita tidak sedang bermimpi saat ini? Mungkinkah semua yang kita alami hanyalah ilusi?

Skeptisisme dapat menjadi posisi yang ekstrem, tetapi ia memiliki peran penting dalam filsafat. Ia memaksa kita untuk memeriksa asumsi-asumsi kita, mempertanyakan sumber-sumber pengetahuan kita, dan mencari justifikasi yang lebih kuat untuk keyakinan-keyakinan kita. Skeptisisme adalah pengingat bahwa pengetahuan manusia selalu terbatas, dan bahwa kita harus selalu terbuka terhadap kemungkinan bahwa kita salah (Greco, 2011).

7.5 Epistemologi Terapan: Pengetahuan dalam Tindakan

Epistemologi tidak hanya berurusan dengan pertanyaan-pertanyaan abstrak. Ia juga memiliki implikasi praktis dalam berbagai bidang kehidupan (Dancy et al., 2010). Beberapa contoh:

- Epistemologi Sosial: Bagaimana pengetahuan dibentuk, disebarkan, dan digunakan dalam masyarakat? Bagaimana kita menilai kesaksian orang lain? Kapan kita harus percaya pada otoritas? Bagaimana media sosial memengaruhi penyebaran informasi (dan misinformasi)?

- Epistemologi Kebajikan: Karakter apa yang membantu kita memperoleh pengetahuan? Apakah kerendahan hati, keterbukaan pikiran, ketekunan, dan kejujuran intelektual itu penting? (Ini terhubung dengan kebiasaan berpikir kritis yang kita bahas di Bab 2).
- Epistemologi Feminis: Bagaimana gender, ras, kelas, dan faktor-faktor sosial lainnya memengaruhi cara kita memperoleh dan menilai pengetahuan? Apakah ada bias dalam konsep tradisional tentang pengetahuan?
- Epistemologi Sains: Bagaimana sains menghasilkan pengetahuan? Apa metode ilmiah itu? Apa peran observasi, eksperimen, dan teori dalam sains? Apakah sains benar-benar objektif, ataukah dipengaruhi oleh nilai-nilai dan asumsi-asumsi tertentu?

Istilah Kunci:

- Epistemologi: Cabang filsafat yang mempelajari hakikat, sumber, dan batas pengetahuan.
- Pengetahuan: Kepercayaan yang benar dan terjustifikasi (*justified true belief*) – definisi klasik, meskipun ada perdebatan.
- Kepercayaan: Sikap mental menerima bahwa sesuatu itu benar.
- Kebenaran: Kesesuaian antara keyakinan dan kenyataan.
- Justifikasi: Alasan atau bukti yang mendukung suatu keyakinan.
- Empirisme: Pandangan bahwa pengetahuan berasal dari pengalaman indrawi.
- Rasionalisme: Pandangan bahwa akal budi adalah sumber utama pengetahuan.
- Intuisionisme: Keyakinan bahwa terdapat pengetahuan yang bersumber dari pemahaman langsung.
- Hermeneutika: Teori dan praktik interpretasi
- Koherentisme: Pandangan bahwa suatu keyakinan terjustifikasi jika sesuai dengan keyakinan-keyakinan kita yang lain.
- Fundamentalisme: Pandangan bahwa ada keyakinan-keyakinan dasar yang tidak memerlukan justifikasi lebih lanjut.
- Skeptisisme: Pandangan bahwa kita tidak dapat mengetahui apa pun dengan pasti.

- Epistemologi Sosial: Studi tentang bagaimana pengetahuan dibentuk dan disebarkan dalam masyarakat.
- Epistemologi Kebajikan: Studi tentang peran karakter dalam memperoleh pengetahuan.
- Epistemologi Feminis: Kritik terhadap pandangan tradisional tentang pengetahuan yang dianggap bias gender.
- Epistemologi Sains: Studi tentang bagaimana sains menghasilkan pengetahuan.
- Fenomena: Dunia yang tampak bagi kita, yang dibentuk oleh struktur pikiran kita (dalam pemikiran Kant).
- Noumena: Dunia sebagaimana adanya, terlepas dari pengalaman kita (dalam pemikiran Kant).
- A Priori: Pengetahuan yang ada dalam pikiran sebelum adanya pengalaman.

Bacaan Lebih Lanjut:

- **Sumber Primer (dengan terjemahan yang mudah diakses):**
    - Plato. *Theaetetus* (dialog tentang hakikat pengetahuan). Cari terjemahan yang dilengkapi dengan pengantar dan catatan penjelasan.
    - Descartes, René. *Meditations on First Philosophy* (Renungan tentang Filsafat Pertama). Cari edisi yang menyertakan *Discourse on the Method* (Uraian tentang Metode), karena lebih ringkas dan mudah dipahami. Terjemahan Bahasa Indonesia: *Diskursus tentang Metode & Renungan tentang Filsafat Pertama*, Penerbit Bentang.
    - Locke, John. *An Essay Concerning Human Understanding* (esai tentang pemahaman manusia). Cari ringkasan atau kutipan-kutipan penting dari buku ini, karena aslinya sangat panjang.
    - Hume, David. *An Enquiry Concerning Human Understanding* (penyelidikan tentang pemahaman manusia). Cari ringkasan atau kutipan-kutipan penting.
    - Kant, Immanuel. *Prolegomena to Any Future Metaphysics* (pengantar yang lebih ringkas untuk *Critique of Pure Reason*). Terjemahan Bahasa Indonesia: *Pengantar Metafisika Masa Depan*, Penerbit Pustaka Pelajar.

- **Sumber Sekunder (buku pengantar dan artikel):**
    - Hamlyn, D. W. *Theory of Knowledge*. (Versi terjemahan Bahasa Indonesia mungkin sulit ditemukan, tapi coba cari di perpustakaan universitas).
    - Pojman, L. P. (Ed.). *The Theory of Knowledge: Classical and Contemporary Readings*. (Ini adalah kumpulan artikel, *mungkin* ada beberapa yang diterjemahkan ke dalam Bahasa Indonesia).
    - Moser, P. K. (Ed.). *The Oxford Handbook of Epistemology*. (Ini buku referensi tingkat lanjut, tapi mungkin ada bab-bab tertentu yang bisa digunakan).
    - Nagel, Thomas. *What Does It All Mean? A Very Short Introduction to Philosophy*. (Terjemahan Bahasa Indonesia mungkin tersedia).
    - Warburton, Nigel. *Philosophy: The Basics*. (Terjemahan Bahasa Indonesia mungkin tersedia).
    - Gaarder, Jostein. *Dunia Sophie* (Sophie's World). (Ini adalah *novel* tentang *sejarah filsafat*, termasuk epistemologi, yang *ditulis* untuk *remaja*, tetapi *sangat bagus* untuk *pengantar*.)
    - Russell, B. (1912). *The Problems of Philosophy*. (Buku klasik, tersedia *online* secara gratis, dan ada terjemahan Bahasa Indonesia).
    - *Jurnal Filsafat* (terbitan universitas-universitas di Indonesia). Cari artikel-artikel yang relevan dengan epistemologi, yang ditulis dalam Bahasa Indonesia. (Misalnya, Jurnal Filsafat Indonesia, Jurnal Filsafat UGM, dll.)

Pertanyaan Ulasan:

1. **Akal Budi vs. Pengalaman:** *Manakah* yang *lebih penting* untuk *memperoleh pengetahuan* tentang *cara membuat kopi yang enak*: *membaca buku resep* (akal budi, informasi dari luar) atau *mencoba membuatnya sendiri berkali-kali* (pengalaman indrawi, *trial and error*)? *Jelaskan* jawaban Anda, dan *berikan contoh* dari *pengalaman Anda sendiri* (jika pernah).

2. **Skeptisisme Sehari-hari:** Pernahkah Anda *merasa sangat yakin* tentang sesuatu, lalu *belakangan* mengetahui bahwa Anda *salah*? *Bagaimana perasaan* Anda saat itu? *Apakah* pengalaman itu *mengubah cara* Anda *memandang pengetahuan*?
3. **Berita Bohong (Hoax):** Bayangkan Anda *melihat* sebuah *berita* di *media sosial* yang *tampaknya sangat mengejutkan*. *Langkah-langkah apa* yang akan Anda lakukan *sebelum* Anda *mempercayai* berita itu dan *membagikannya* ke orang lain? (*Hubungkan* jawaban Anda dengan *konsep justifikasi* dalam epistemologi – *alasan* atau *bukti* apa yang Anda *perlukan*?)
4. **Intuisi dan Pemahaman:** Menurut Kant, *ruang* dan *waktu* bukanlah sesuatu yang kita *pelajari* dari *pengalaman*, tetapi *sudah ada* dalam *pikiran* kita. *Bagaimana* pemahaman tentang *ruang* dan *waktu* ini *membantu* kita *memahami* dunia di sekitar kita? *Berikan contoh*.

BAB 8: TEORI NILAI: APA YANG BERHARGA DALAM HIDUP?

Pendahuluan: Lebih dari Sekadar Fakta, Mencari Makna

Hidup ini lebih dari sekadar kumpulan fakta. Kita tidak hanya ingin mengetahui *apa yang terjadi* di dunia ini, tetapi juga *apa yang penting* dan *bermakna*. Kita tidak puas hanya dengan mendeskripsikan realitas; kita juga ingin menilainya. Apakah sesuatu itu baik atau buruk? Indah atau jelek? Adil atau tidak adil? Pertanyaan-pertanyaan semacam ini bukanlah pertanyaan tentang fakta, melainkan tentang nilai. Inilah wilayah kajian teori nilai, atau aksiologi, sebuah cabang filsafat yang berusaha memahami hakikat nilai, dari mana asalnya, dan bagaimana nilai-nilai tersebut membimbing dan membentuk kehidupan kita (Handoyo, 2011).

8.1 Fakta dan Nilai: Dua Sisi Kehidupan, Bisakah Dipisahkan?

Seringkali kita membedakan antara fakta dan nilai. Fakta adalah pernyataan tentang *apa yang ada*, tentang bagaimana dunia ini bekerja. Fakta dapat diverifikasi, dibuktikan benar atau salah melalui observasi dan eksperimen. "Air mendidih pada 100 derajat Celsius" adalah contoh pernyataan faktual. Nilai, di sisi lain, adalah penilaian tentang *apa yang seharusnya*, tentang apa yang baik, buruk, indah, atau penting. "Kesehatan itu penting" adalah contoh pernyataan nilai. Kita mungkin sepakat dengan pernyataan ini, tetapi kita tidak bisa membuktikannya dengan cara yang sama seperti kita membuktikan sebuah fakta ilmiah (Kattsoff, 1953).

Filsuf David Hume berargumen bahwa ada jurang pemisah yang tegas antara fakta dan nilai. Kita tidak bisa, kata Hume, menyimpulkan nilai dari fakta. Dari *bagaimana dunia ini*, kita tidak bisa secara logis menyimpulkan *bagaimana seharusnya dunia ini*. Pemisahan ini dikenal sebagai "Hume's Guillotine". Namun, apakah pemisahan ini benar-benar mutlak? Apakah fakta benar-benar netral dan bebas nilai? Apakah pilihan kita tentang fakta apa yang ingin kita ketahui, bagaimana cara kita menafsirkannya, dan bagaimana kita menggunakannya tidak pernah dipengaruhi oleh nilai-nilai yang kita anut? Pertanyaan-

pertanyaan ini membuka perdebatan yang lebih dalam tentang hubungan antara fakta dan nilai (Malinetsky & Skurlyagin, 2019).

8.2 Jenis-Jenis Nilai: Peta Kehidupan Manusia

Dunia nilai bukanlah wilayah yang homogen. Ada berbagai jenis nilai yang memandu tindakan, pilihan, dan aspirasi kita. Nilai etika atau moral berkaitan dengan benar dan salah, baik dan buruk dalam perilaku kita. Kejujuran, keadilan, dan kasih sayang adalah contoh nilai-nilai moral. Nilai estetika berhubungan dengan keindahan dan kejelekan, dengan apa yang kita anggap indah dalam seni, alam, atau bahkan dalam kehidupan sehari-hari. Nilai politik berkaitan dengan bagaimana masyarakat seharusnya diatur, tentang keadilan sosial, kebebasan, dan kesetaraan. Nilai epistemik berkaitan dengan pencarian pengetahuan, tentang kebenaran, kejujuran intelektual, dan objektivitas. Dan terdapat pula nilai personal yang bersifat sangat pribadi, preferensi kita sendiri (Handoyo, 2011).

Jenis-jenis nilai ini seringkali saling berkelindan. Pilihan etis kita bisa dipengaruhi oleh nilai estetika kita, dan pandangan politik kita seringkali berakar pada nilai-nilai moral yang kita yakini. Memahami berbagai jenis nilai ini membantu kita memetakan lanskap kehidupan manusia yang kaya dan kompleks (Handoyo, 2011).

8.3 Metaetika: Sumber Nilai – Dari Langit, dari Bumi, atau dari Hati?

Dari manakah nilai-nilai ini berasal? Apakah nilai bersifat objektif, ada di luar sana, independen dari pikiran dan perasaan manusia, seperti hukum-hukum alam? Ataukah nilai bersifat subjektif, bergantung pada perasaan, keyakinan, atau preferensi pribadi? Atau mungkinkah nilai bersifat relatif, berbeda-beda tergantung pada budaya, masyarakat, atau konteks historis? Pertanyaan-pertanyaan mendasar ini adalah inti dari metaetika, cabang filsafat yang menyelidiki status ontologis dari nilai (Pepper, 2020).

Objektivisme nilai berpendapat bahwa nilai-nilai moral itu nyata dan universal. Membunuh, misalnya, selalu salah, di mana pun, kapan pun, dan bagi siapa pun. Subjektivisme nilai, sebaliknya, berpendapat bahwa tidak ada kebenaran moral yang universal. Apa yang dianggap baik atau buruk adalah masalah perasaan atau keyakinan individu. "Mencuri itu tidak salah bagi saya, kalau saya merasa itu tidak masalah," mungkin adalah contoh pernyataan yang mencerminkan subjektivisme. Relativisme nilai, di sisi lain, mengakui adanya perbedaan nilai antar budaya atau konteks, tetapi menolak adanya standar moral yang absolut. Suatu praktik mungkin diterima dalam satu budaya, tetapi ditolak dalam budaya lain (Pepper, 2020).

Perdebatan metaetika ini memiliki konsekuensi yang sangat besar. Jika nilai itu objektif, kita memiliki dasar yang kuat untuk menilai tindakan dan perilaku, baik individu maupun kolektif. Namun, jika nilai itu subjektif atau relatif, penilaian moral menjadi lebih problematis (Pepper, 2020). Bagaimana kita bisa mengkritik tindakan yang kita anggap tidak adil jika tidak ada standar yang universal?

8.4 Kesejahteraan: Apa Artinya Hidup yang Bermakna?

Salah satu pertanyaan paling abadi dalam filsafat nilai adalah: Apa yang membuat hidup bermakna? Apa yang membuat hidup layak dijalani? Ini adalah pertanyaan tentang kesejahteraan (*well-being*). Ada berbagai jawaban yang telah diajukan sepanjang sejarah (Metz, 2015).

Hedonisme berpendapat bahwa kesenangan adalah satu-satunya hal yang berharga dalam hidup. Hidup yang baik adalah hidup yang dipenuhi dengan kesenangan, dan minim penderitaan. Tetapi apakah ini berarti kita harus terus-menerus mengejar kesenangan, tanpa mempertimbangkan konsekuensinya? Teori kepuasan keinginan menawarkan pandangan yang sedikit berbeda: hidup yang baik adalah hidup di mana keinginan-keinginan kita terpenuhi (Metz, 2015). Tetapi apakah semua keinginan sama berharganya? Bagaimana jika keinginan kita bertentangan satu sama lain, atau bahkan merugikan diri sendiri atau orang lain?

Teori daftar objektif mencoba mengatasi masalah ini dengan mengajukan daftar hal-hal yang secara objektif baik untuk manusia, terlepas dari apakah kita menginginkannya atau tidak. Kesehatan, pengetahuan, persahabatan, kebebasan, dan keadilan sering dimasukkan dalam daftar ini (Metz, 2015). Namun, siapakah yang berhak menentukan daftar ini? Apakah daftar ini benar-benar objektif dan universal?

Eudaimonisme, yang berakar pada pemikiran Aristoteles, menawarkan perspektif yang berbeda. Hidup yang baik bukanlah sekadar tentang kesenangan atau kepuasan keinginan, melainkan tentang *eudaimonia*, yang sering diterjemahkan sebagai "kebahagiaan", tetapi lebih tepat diartikan sebagai "kehidupan yang berkembang secara penuh" atau "kehidupan yang bermakna". *Eudaimonia* dicapai dengan mengembangkan kebajikan-kebajikan, seperti keberanian, kebijaksanaan, keadilan, dan pengendalian diri, dan dengan menjalani hidup yang sesuai dengan potensi terbaik kita (Metz, 2015).

Dari sudut pandang yang dekat dengan eksistensialisme, makna hidup bukanlah sesuatu yang *diberikan*, melainkan sesuatu yang *harus diciptakan*. Tidak ada jawaban tunggal atau resep yang pasti untuk hidup yang bermakna. Setiap individu memiliki kebebasan dan tanggung jawab untuk menemukan atau menciptakan maknanya sendiri. Hidup adalah sebuah perjalanan, sebuah pencarian yang terus-menerus, bukan sebuah tujuan akhir yang statis (George & Park, 2017).

8.5 Estetika: Keindahan yang Menggugah (dan Membingungkan)

Estetika adalah cabang filsafat yang bergumul dengan pertanyaan tentang keindahan, seni, dan pengalaman estetis (Cahn et al., 2020). Apa itu keindahan? Apakah keindahan itu objektif, ada dalam objek itu sendiri, seperti proporsi yang harmonis dalam sebuah lukisan atau melodi yang indah dalam sebuah lagu? Ataukah keindahan itu subjektif, "ada di mata yang melihatnya", bergantung pada selera dan preferensi individu?

Seni memainkan peran yang sangat penting dalam kehidupan manusia di berbagai budaya dan sepanjang sejarah (Cahn et al., 2020). Tetapi apa fungsi seni? Apakah seni hanya untuk dinikmati, untuk memberikan kesenangan estetis? Ataukah seni memiliki fungsi yang lebih dalam dan lebih luas?

Beberapa pandangan tentang fungsi seni antara lain: seni sebagai representasi (meniru atau menggambarkan dunia), seni sebagai ekspresi (mengungkapkan emosi, perasaan, atau gagasan seniman), seni sebagai bentuk (menciptakan objek yang indah secara formal, terlepas dari apakah ia mewakili sesuatu atau mengekspresikan sesuatu), dan seni sebagai sumber pengalaman estetis (memberikan pengalaman yang unik, intens, dan memperkaya kehidupan) (Cahn et al., 2020).

Seni dan etika juga seringkali dipertentangkan atau dihubungkan. Apakah seni harus bermoral? Apakah seni memiliki tanggung jawab sosial untuk mendidik, menginspirasi, atau mengkritik? Ataukah seni harus bebas dari segala pertimbangan moral, otonom dalam wilayahnya sendiri?

Pada akhirnya, seni, seperti filsafat, dapat menjadi jalan untuk mempertanyakan dan memahami makna keberadaan. Seni dapat menggugah kita, menantang kita, menghibur kita, dan membuat kita merenungkan pertanyaan-pertanyaan mendasar tentang kehidupan, kematian, cinta, keindahan, dan kebenaran (Cahn et al., 2020).

Istilah Kunci:

- **Teori Nilai (Aksiologi):** Cabang filsafat yang mengkaji sifat, asal-usul, jenis, dan kriteria nilai.
- **Nilai:** Sesuatu yang dianggap berharga, penting, baik, diinginkan, atau layak untuk dikejar.
- **Fakta:** Pernyataan tentang apa yang ada atau terjadi, yang dapat diverifikasi secara objektif.
- **Distingsi Fakta-Nilai:** Perbedaan (yang diperdebatkan) antara pernyataan faktual (tentang apa yang *ada*) dan pernyataan nilai (tentang apa yang *seharusnya* ada).
- **Nilai Etika/Moral:** Nilai yang berkaitan dengan tindakan yang benar dan salah, baik dan buruk, adil dan tidak adil.
- **Nilai Estetika:** Nilai yang berkaitan dengan keindahan, keharmonisan, dan pengalaman estetis.
- **Nilai Politik:** Nilai yang berkaitan dengan organisasi masyarakat, keadilan sosial, dan pemerintahan.

- **Nilai Epistemik:** Nilai yang berkaitan dengan pengetahuan dan kebenaran (misalnya, kejujuran intelektual, objektivitas).
- **Nilai Personal:** Nilai-nilai yang bersifat subjektif dan individual, yang memberikan makna dan arah bagi kehidupan seseorang.
- **Metaetika:** Cabang etika yang mengkaji sifat dasar pernyataan dan konsep moral (misalnya, apakah nilai itu objektif, subjektif, atau relatif).
- **Objektivisme Nilai:** Pandangan bahwa nilai-nilai itu objektif, ada secara independen dari pikiran, perasaan, atau keyakinan manusia.
- **Subjektivisme Nilai:** Pandangan bahwa nilai-nilai itu subjektif, bergantung pada perasaan, keyakinan, atau preferensi individu.
- **Relativisme Nilai:** Pandangan bahwa nilai-nilai itu relatif terhadap budaya, masyarakat, atau konteks tertentu.
- **Hedonisme:** Pandangan bahwa kesenangan adalah satu-satunya hal yang berharga secara intrinsik, dan bahwa hidup yang baik adalah hidup yang memaksimalkan kesenangan dan meminimalkan penderitaan.
- **Teori Kepuasan Keinginan:** Pandangan bahwa hidup yang baik adalah hidup di mana keinginan-keinginan seseorang terpenuhi.
- **Teori Daftar Objektif:** Pandangan bahwa ada hal-hal tertentu yang secara objektif baik untuk manusia, terlepas dari apakah mereka menginginkannya atau tidak.
- **Eudaimonisme:** Pandangan bahwa hidup yang baik adalah hidup yang bermakna, berkebajikan, dan berkembang secara penuh (eudaimonia).
- **Estetika:** Cabang filsafat yang mengkaji keindahan, seni, dan pengalaman estetis.

Bacaan Lebih Lanjut:

- Rachels, J., & Rachels, S. (2019). *The Elements of Moral Philosophy* (9th ed.). McGraw-Hill Education.
- Singer, P. (Ed.). (2000). *A Companion to Ethics*. Blackwell Publishing.
- *Stanford Encyclopedia of Philosophy* dan *Internet Encyclopedia of Philosophy*. Cari artikel tentang "Value Theory", "Metaethics", "Well-being", "Aesthetics".

- Bertens, K. *Etika*. Gramedia Pustaka Utama. (Buku tentang etika dalam Bahasa Indonesia).
- Magnis-Suseno, F. *13 Model Pendekatan Etika*. Kanisius. (Buku tentang etika dalam Bahasa Indonesia).
- Poespoprodjo, W. (1999) *Filsafat Moral: Kesusilaan dalam Teori dan Praktik*.

Pertanyaan Ulasan:

1. Jelaskan perbedaan antara fakta dan nilai. Berikan contoh pernyataan fakta dan pernyataan nilai yang berhubungan dengan teknologi. Apakah, menurut Anda, kita bisa benar-benar memisahkan antara fakta dan nilai dalam penggunaan teknologi?
2. Apa yang dimaksud dengan metaetika? Jelaskan perbedaan antara objektivisme nilai, subjektivisme nilai, dan relativisme nilai. Manakah pandangan yang paling sesuai dengan pendapat Anda sendiri?
3. Bayangkan Anda memiliki semua yang Anda inginkan: uang, kekuasaan, ketenaran, kesenangan. Apakah itu menjamin bahwa Anda akan bahagia dan memiliki hidup yang bermakna? Mengapa ya, atau mengapa tidak? (Hubungkan jawaban Anda dengan teori-teori tentang kesejahteraan.)
4. Apakah keindahan itu sesuatu yang objektif (ada dalam benda itu sendiri), atau subjektif ("ada di mata yang melihat")? Berikan argumen untuk mendukung jawaban Anda.
5. Pilih satu karya seni (lukisan, lagu, film, puisi, dll.) yang sangat Anda sukai. Jelaskan mengapa Anda menganggapnya indah atau bermakna. Apakah pengalaman Anda mendukung objektivisme atau subjektivisme estetika?
6. Apakah ada perbedaan antara fakta dan nilai?
7. Apa saja jenis-jenis nilai?
8. Apa makna dari pernyataan "hidup yang baik"?

BAB 9: ETIKA: BERTINDAK DI DUNIA

Pendahuluan: Hidup Bertanggung Jawab

Setiap tindakan kita, sekecil apa pun, memiliki konsekuensi. Setiap pilihan yang kita buat, sadar atau tidak, membentuk siapa diri kita dan dunia di sekitar kita. Bagaimana kita seharusnya bertindak? Apa yang membuat suatu tindakan benar atau salah, baik atau buruk? Inilah pertanyaan-pertanyaan etika, cabang filsafat yang mengkaji moralitas. Etika bukan sekadar aturan-aturan kaku, tetapi panduan untuk menjalani hidup secara bertanggung jawab dan bermakna. Etika menantang kita untuk merenungkan nilai-nilai yang kita yakini dan bagaimana nilai-nilai itu terwujud dalam tindakan kita (Nur Prabowo S. & Albar Adetary Hasibuan, 2017).

9.1 Mencari Pegangan: Prinsip-Prinsip Etika Normatif

Etika normatif berusaha merumuskan prinsip-prinsip yang dapat membimbing tindakan kita. Tidak ada satu jawaban yang disepakati semua orang, tetapi berbagai teori etika menawarkan kerangka berpikir yang berbeda. Apa yang membuat suatu tindakan benar atau salah? Apakah ada prinsip moral yang berlaku universal, ataukah moralitas selalu bergantung pada konteks? Bagaimana kita menentukan kewajiban moral kita? Ini bukan pertanyaan teoretis semata. Ini adalah pertanyaan yang menentukan bagaimana kita hidup, bagaimana kita berinteraksi dengan orang lain, dan bagaimana kita membentuk masyarakat (Nur Prabowo S. & Albar Adetary Hasibuan, 2017).

9.2 Deontologi: Ketika Kewajiban Menjadi Kompas Moral

Bagi deontologi, moralitas adalah tentang melakukan kewajiban kita, mengikuti aturan-aturan moral yang benar, terlepas dari akibat tindakan kita. Immanuel Kant, filsuf paling berpengaruh dalam deontologi, merumuskan prinsip moral tertinggi yang disebutnya "imperatif kategoris". Prinsip ini, dalam salah satu formulasinya, menyatakan: "Bertindaklah hanya berdasarkan prinsip yang dapat kamu inginkan menjadi hukum universal." Sebelum bertindak, tanyakan pada diri sendiri: "Apakah saya ingin semua orang bertindak seperti ini dalam situasi yang sama?" Jika tidak, maka tindakan itu salah. Misalnya, berbohong itu selalu salah, bahkan jika berbohong itu dapat menghindarkan seseorang dari kesulitan. Karena jika semua orang berbohong, tidak akan ada lagi kepercayaan, dan komunikasi akan menjadi mustahil. Formulasi lain dari imperatif kategoris menekankan martabat manusia: "Jangan pernah memperlakukan orang lain hanya sebagai alat untuk mencapai tujuanmu, tetapi selalu juga sebagai tujuan pada diri mereka sendiri." Kita tidak boleh memanfaatkan orang lain demi kepentingan kita (Hughes-Warrington & Martin, 2022).

Deontologi menawarkan pedoman moral yang jelas dan tegas. Namun, ia juga menghadapi kritik. Apakah aturan moral benar-benar bisa berlaku universal, tanpa pengecualian? Bagaimana jika dua kewajiban moral saling bertentangan? Misalnya, apakah kita harus mengatakan yang sebenarnya kepada seseorang yang akan membunuh, jika itu berarti membahayakan nyawa orang lain?

9.3 Konsekuensialisme: Menimbang Baik-Buruknya Akibat

Berbeda dengan deontologi, konsekuensialisme menilai moralitas suatu tindakan berdasarkan akibatnya. Tindakan yang benar adalah tindakan yang menghasilkan akibat yang baik, dan tindakan yang salah adalah tindakan yang menghasilkan akibat yang buruk (Hughes-Warrington & Martin, 2022).

Utilitarianisme, bentuk konsekuensialisme yang paling terkenal, yang dikembangkan oleh Jeremy Bentham dan John Stuart Mill, menyatakan bahwa tindakan yang benar adalah tindakan yang menghasilkan kebahagiaan terbesar bagi jumlah orang terbanyak. Kebahagiaan, dalam pandangan ini, adalah tujuan akhir yang dicari oleh semua manusia. Misalnya, membangun rumah sakit di daerah terpencil mungkin benar menurut utilitarianisme, meskipun biayanya mahal, karena manfaatnya (kesehatan yang lebih baik bagi banyak orang) lebih besar daripada biayanya (Hughes-Warrington & Martin, 2022).

Namun, konsekuensialisme juga dikritik. Bagaimana kita bisa memprediksi semua akibat dari tindakan kita? Apakah boleh mengorbankan hak atau kepentingan individu demi kebahagiaan mayoritas? Apakah kebahagiaan adalah satu-satunya hal yang bernilai?

9.4 Etika Kebajikan: Menjadi Manusia yang Lebih Baik, Bukan Sekadar Bertindak Benar

Deontologi dan konsekuensialisme berfokus pada tindakan: apa yang harus kita lakukan? Etika kebajikan berfokus pada karakter: orang seperti apa kita seharusnya? Etika kebajikan tidak memberikan aturan-aturan kaku, tetapi mengajak kita untuk mengembangkan kebajikan-kebajikan moral, yaitu sifat-sifat karakter yang memungkinkan kita untuk hidup dengan baik dan berfungsi secara optimal sebagai manusia (Shafer-Landau, 2013).

Aristoteles, filsuf Yunani kuno, adalah tokoh utama dalam etika kebajikan. Baginya, tujuan hidup manusia adalah eudaimonia, yang sering diterjemahkan sebagai "kebahagiaan", tetapi lebih tepat diartikan sebagai "kehidupan yang berkembang secara penuh", "kehidupan yang layak dijalani", atau "kehidupan yang bermakna". Eudaimonia dicapai dengan menjalani hidup yang berkebajikan (Shafer-Landau, 2013).

Kebajikan, menurut Aristoteles, adalah jalan tengah antara dua ekstrem yang berlawanan. Misalnya, keberanian adalah jalan tengah antara kenekatan (terlalu berani) dan kepengecutan (kurang berani). Kemurahan hati adalah jalan tengah antara pemborosan dan kekikiran. Kejujuran adalah jalan tengah antara kebohongan dan keterusterangan yang menyakitkan (Shafer-Landau, 2013).

Etika kebajikan berbeda dari deontologi dan konsekuensialisme karena tidak berfokus pada aturan atau akibat, melainkan pada karakter. Apa artinya menjadi orang yang baik? Kebajikan apa yang harus kita kembangkan? Aristoteles, filsuf Yunani kuno, adalah tokoh utama dalam etika kebajikan. Baginya, tujuan hidup manusia adalah eudaimonia, yang sering diterjemahkan sebagai "kebahagiaan", tetapi lebih tepat diartikan sebagai "kehidupan yang berkembang secara penuh", "kehidupan yang layak dijalani", atau "kehidupan yang bermakna". Eudaimonia dicapai dengan menjalani hidup yang berkebajikan. Kebajikan, menurut Aristoteles, adalah jalan tengah antara dua ekstrem yang berlawanan. Misalnya, keberanian adalah jalan tengah antara kenekatan (terlalu berani, tanpa perhitungan) dan kepengecutan (kurang berani, takut berlebihan). Kemurahan hati adalah jalan tengah antara pemborosan (terlalu banyak memberi) dan kekikiran (terlalu pelit). Kejujuran adalah jalan tengah antara kebohongan dan keterusterangan yang menyakitkan. Selain itu, ada pula kebajikan seperti kebijaksanaan, yaitu kemampuan untuk membuat keputusan yang baik dan bijaksana, dengan mempertimbangkan berbagai faktor dan konsekuensi jangka panjang. Ada pula keadilan, yang berarti memberikan kepada setiap orang apa yang menjadi haknya, tidak memihak, dan menjunjung tinggi kesetaraan. Pengendalian diri juga merupakan kebajikan penting, yaitu kemampuan untuk mengendalikan emosi, keinginan, dan dorongan naluriah, sehingga tidak dikuasai olehnya. Dengan mengembangkan kebajikan-kebajikan ini, kita tidak hanya bertindak benar, tetapi juga menjadi manusia yang lebih baik, hidup yang lebih penuh, dan mencapai eudaimonia (Shafer-Landau, 2013).

Namun, etika kebajikan juga dikritik. Apakah daftar kebajikan itu objektif dan universal? Bagaimana kita menerapkan kebajikan dalam situasi konkret yang kompleks dan membingungkan? Apakah kebajikan cukup untuk menjamin tindakan yang benar?

9.5 Perspektif Alternatif: Harmoni dan Kepedulian

Selain tiga teori etika utama – deontologi, konsekuensialisme, dan etika kebajikan – terdapat pula perspektif-perspektif lain yang menawarkan wawasan berharga dalam perenungan moral. Daoisme, filsafat yang berakar dari Tiongkok kuno, mengajak kita untuk hidup selaras dengan *Tao*, atau "Jalan", prinsip fundamental yang mengatur alam semesta. Konsep kunci *wu wei*, yang sering diterjemahkan sebagai "tindakan tanpa usaha", bukanlah ajakan untuk pasif, melainkan dorongan untuk bertindak secara alami, spontan, dan tanpa paksaan, mengikuti aliran Tao. Dalam pandangan Daoisme, kesederhanaan, penerimaan terhadap perubahan, dan kelembutan adalah jalan menuju kehidupan yang harmonis. Di sisi lain, etika feminis hadir sebagai kritik terhadap etika tradisional yang dianggap bias gender dan terlalu menekankan prinsip-prinsip abstrak yang universal. Etika feminis menyoroti pentingnya *hubungan, kepedulian, konteks,* dan *pengalaman konkret*, terutama pengalaman perempuan, dalam pengambilan keputusan moral. Dengan demikian, perspektif-perspektif alternatif ini memperkaya pemahaman kita tentang etika, menawarkan sudut pandang yang berbeda dan melengkapi teori-teori etika yang lebih mapan (Singleton, 2002).

9.6 Bioetika: Menghadapi Dilema Kehidupan dan Kematian di Era Modern

Bioetika adalah cabang etika terapan yang mengkaji isu-isu moral yang muncul dalam bidang medis, biologi, dan perawatan kesehatan. Perkembangan teknologi dalam bidang-bidang ini telah membuka kemungkinan-kemungkinan baru yang luar biasa, tetapi juga menimbulkan pertanyaan-pertanyaan etis yang rumit dan mendesak (Sachrowardi & Basbeth, 2013).

Beberapa isu bioetika yang paling sering diperdebatkan:

- Eutanasia: Apakah eutanasia (tindakan mengakhiri hidup seseorang untuk mengurangi penderitaan) secara moral diperbolehkan? Siapa yang berhak membuat keputusan tentang hidup dan mati? Apakah ada perbedaan antara eutanasia aktif (sengaja mengakhiri hidup) dan eutanasia pasif (menghentikan perawatan medis yang memperpanjang hidup)?
- Rekayasa Genetika: Apakah secara moral diperbolehkan untuk memodifikasi gen manusia? Apa batas-batasnya? Apakah rekayasa genetika dapat mengarah pada diskriminasi atau ketidaksetaraan?
- Kloning: Apakah secara moral diperbolehkan untuk menciptakan salinan genetik dari manusia atau hewan? Apa implikasinya bagi martabat manusia dan keberagaman hayati?
- Transplantasi Organ: Bagaimana seharusnya organ yang langka dialokasikan? Apakah secara moral diperbolehkan untuk membeli atau menjual organ?
- Hak Pasien: Apakah pasien memiliki hak untuk menolak perawatan medis, bahkan jika itu berarti kematian? Apakah

pasien memiliki hak untuk mengetahui semua informasi tentang kondisi mereka, bahkan jika itu menyakitkan atau menakutkan?

- Persetujuan (Informed Consent): Apakah pasien benar-benar memahami risiko dan manfaat dari perawatan medis sebelum memberikan persetujuan?

Pertanyaan-pertanyaan ini tidak memiliki jawaban yang mudah. Mereka menuntut kita untuk merenungkan nilai-nilai kita yang paling mendasar tentang kehidupan, kematian, penderitaan, otonomi, dan martabat manusia (Sachrowardi & Basbeth, 2013).

9.7 Etika Lingkungan: Tanggung Jawab Kita terhadap Bumi dan Makhluk Lain

Etika lingkungan mengajak kita untuk merenungkan hubungan moral antara manusia dan alam di sekitar kita. Lebih dari sekadar masalah pengelolaan sumber daya, etika lingkungan menggugat pertanyaan mendasar: Apakah kita memiliki kewajiban moral *hanya* kepada sesama manusia, ataukah kewajiban itu *meluas* hingga mencakup hewan, tumbuhan, ekosistem, atau bahkan Bumi secara keseluruhan? Apakah alam memiliki *nilai intrinsik*, nilai yang *melekat* padanya *terlepas* dari *kegunaannya* bagi manusia? Atau, apakah alam *hanya bernilai* sejauh ia *bermanfaat* bagi kita (nilai *instrumental*)? Pandangan *antroposentris*, yang menempatkan manusia sebagai pusat pertimbangan moral, sering dituding sebagai akar dari krisis lingkungan yang kita hadapi saat ini. Sebagai alternatif, muncul pandangan *biosentris*, yang mengakui nilai intrinsik pada *semua makhluk hidup*, dan *ekosentris*, yang bahkan melangkah lebih jauh dengan memberikan nilai moral pada *keseluruhan ekosistem*. Lebih jauh lagi, etika lingkungan memaksa kita untuk *mempertimbangkan tanggung jawab* kita terhadap *generasi mendatang*. *Apakah* kita *berhak* menghabiskan sumber daya alam dan meninggalkan planet yang rusak untuk anak cucu kita? Konsep *pembangunan berkelanjutan* mencoba *menjembatani* antara *kebutuhan ekonomi* dan *perlindungan lingkungan*, tetapi *bagaimana* kita *benar-benar* dapat *mencapai keseimbangan* ini dalam *praktik*? Pertanyaan-pertanyaan ini *tidak hanya* relevan bagi *para filsuf*, tetapi juga bagi *setiap orang* yang *peduli* tentang *masa depan* planet ini (Sandler, 2018).

9.8 Etika Bisnis dan Teknologi: Menghadapi Tantangan Baru di Era Digital

Etika bisnis dan teknologi adalah bidang kajian yang berkembang pesat, seiring dengan laju inovasi dan kompleksitas dunia usaha modern. Pertanyaan-pertanyaan etis bermunculan di berbagai aspek, menantang kita untuk mempertimbangkan kembali tanggung jawab dan dampak dari tindakan kita. Dalam konteks korporasi, misalnya, muncul pertanyaan mendasar tentang *tanggung jawab sosial perusahaan*: Apakah perusahaan hanya bertanggung jawab untuk memaksimalkan keuntungan bagi pemegang saham, ataukah mereka memiliki kewajiban yang lebih luas terhadap karyawan, pelanggan, masyarakat, dan bahkan lingkungan tempat mereka beroperasi? Dalam ranah *etika kerja*, kita dihadapkan pada pertanyaan tentang perlakuan yang adil terhadap karyawan: Apakah upah yang diberikan sudah mencerminkan kontribusi mereka? Bagaimana kita menciptakan keseimbangan yang sehat antara pekerjaan dan kehidupan pribadi di era yang semakin menuntut ini? Lebih jauh lagi, di era digital, *privasi dan keamanan data* menjadi isu yang sangat penting. Bagaimana seharusnya perusahaan dan pemerintah mengumpulkan, menyimpan, dan menggunakan data pribadi kita? Apakah kita memiliki hak privasi yang harus dilindungi di tengah arus informasi yang begitu deras? *Kecerdasan buatan (AI)* dan *otomasi* juga menghadirkan tantangan etis baru: Apa dampak dari teknologi ini terhadap lapangan pekerjaan dan struktur masyarakat? Siapa yang bertanggung jawab jika AI membuat kesalahan yang merugikan? Dan, yang lebih mendasar, apakah AI, dengan kemampuannya yang semakin canggih, dapat memiliki hak-hak tertentu? Terakhir, kita harus memastikan bahwa teknologi *tidak memperdalam jurang ketidaksetaraan*. Apakah semua orang memiliki *akses yang sama* terhadap *manfaat* teknologi, ataukah teknologi justru *memperlebar kesenjangan* antara yang *memiliki* dan yang *tidak memiliki*? Pertanyaan-pertanyaan ini menuntut kita untuk berpikir kritis, tidak hanya tentang *apa yang bisa* dilakukan oleh teknologi, tetapi juga tentang *apa yang seharusnya* dilakukan, demi menciptakan masa depan yang lebih adil, berkelanjutan, dan manusiawi (De George, 2003).

Istilah Kunci:

- **Etika:** Cabang filsafat yang mempelajari moralitas, prinsip-prinsip yang membimbing tindakan manusia dalam menentukan apa yang benar dan salah, baik dan buruk.
- **Moralitas:** Sistem nilai, keyakinan, dan prinsip yang membimbing perilaku manusia dalam masyarakat.
- **Etika Deskriptif:** Studi tentang bagaimana orang benar-benar bertindak secara moral, tanpa memberikan penilaian.
- **Etika Normatif:** Studi tentang bagaimana orang seharusnya bertindak, prinsip-prinsip moral apa yang seharusnya diikuti.
- **Metaetika:** Studi tentang sifat dasar moralitas itu sendiri (misalnya, apakah nilai moral itu objektif atau subjektif).
- **Deontologi:** Teori etika yang menekankan pada kewajiban moral dan aturan-aturan yang harus diikuti, terlepas dari akibatnya.
- **Imperatif Kategoris:** Prinsip moral tertinggi dalam etika Kantian, yang memerintahkan kita untuk bertindak hanya berdasarkan prinsip yang dapat kita inginkan menjadi hukum universal, dan untuk tidak memperlakukan orang lain hanya sebagai alat.
- **Konsekuensialisme:** Teori etika yang menilai moralitas tindakan berdasarkan akibatnya.
- **Utilitarianisme:** Bentuk konsekuensialisme yang berpendapat bahwa tindakan yang benar adalah yang menghasilkan kebahagiaan terbesar bagi jumlah orang terbanyak.
- **Etika Kebajikan:** Teori etika yang berfokus pada karakter dan pengembangan kebajikan moral.
- **Eudaimonia:** Kebahagiaan, kesejahteraan, atau "hidup yang baik" menurut Aristoteles; tujuan akhir dari kehidupan manusia.

- **Kebajikan:** Sifat karakter yang baik, seperti keberanian, kejujuran, keadilan, kebijaksanaan, kemurahan hati, dan pengendalian diri.
- **Jalan Tengah (Golden Mean):** Prinsip Aristoteles bahwa kebajikan terletak di antara dua ekstrem (kelebihan dan kekurangan).
- **Tao:** "Jalan" atau "Prinsip" alam semesta dalam Taoisme.
- **Wu Wei:** "Tidak bertindak" atau "tindakan tanpa usaha"; tindakan yang selaras dengan Tao.
- **Etika Feminis:** Pendekatan etika yang menekankan pentingnya hubungan, kepedulian, konteks, dan pengalaman perempuan.
- **Bioetika:** Cabang etika terapan yang mengkaji isu-isu moral dalam bidang medis dan biologi.
- **Etika Lingkungan:** Cabang etika terapan yang mengkaji hubungan moral antara manusia dan lingkungan alam.
- **Antroposentrisme:** Pandangan bahwa manusia adalah pusat pertimbangan moral.
- **Biosentrisme:** Pandangan bahwa semua makhluk hidup memiliki nilai moral.
- **Ekosentrisme:** Pandangan bahwa ekosistem secara keseluruhan memiliki nilai moral.
- **Etika Bisnis:** Cabang etika terapan yang mengkaji isu-isu moral dalam dunia bisnis.
- **Etika Teknologi:** Cabang etika terapan yang mengkaji isu-isu moral yang berkaitan dengan teknologi.
- **Tanggung Jawab Sosial Perusahaan:** Gagasan bahwa perusahaan memiliki kewajiban moral terhadap masyarakat dan lingkungan, bukan hanya kepada pemegang saham.
- **Privasi:** Hak untuk mengendalikan informasi pribadi.
- **Kecerdasan Buatan (AI):** Sistem komputer yang dapat melakukan tugas-tugas yang biasanya membutuhkan kecerdasan manusia.

Bacaan Lebih Lanjut:

- Rachels, J., & Rachels, S. (2019). The Elements of Moral Philosophy (9th ed.). McGraw-Hill Education.
- Singer, P. (Ed.). (1993). A Companion to Ethics. Blackwell.

- Lafollette, H. (Ed.). (2013). International Encyclopedia of Ethics. Wiley-Blackwell.
- Sandel, M. J. (2009). Justice: What's the right thing to do? Farrar, Straus and Giroux. (Buku yang sangat populer tentang filsafat moral dan politik, dengan banyak contoh kasus kontemporer).
- Singer, P. (2011). Practical ethics (3rd ed.). Cambridge University Press. (Buku tentang etika terapan, membahas berbagai isu kontroversial)
- MacIntyre, A. (2007). After virtue: A study in moral theory (3rd ed.). University of Notre Dame Press. (Karya penting tentang etika kebajikan kontemporer)

Pertanyaan Ulasan:

1. Apakah ada tindakan yang selalu salah, terlepas dari akibatnya? Mengapa?
2. Bagaimana kita menentukan siapa yang berhak mendapatkan perawatan medis jika sumber daya terbatas?
3. Apakah kita memiliki kewajiban moral terhadap hewan dan lingkungan? Jika ya, apa dasarnya?
4. Berikan contoh dilema moral yang pernah Anda hadapi (atau bayangkan). Prinsip etika apa yang relevan dengan dilema tersebut? Bagaimana Anda memutuskan apa yang harus dilakukan?
5. Menurut anda, apakah tujuan utama dari etika? Apakah untuk memberikan aturan yang harus diikuti, atau untuk membantu kita menjadi orang yang lebih baik?

BAB 10: ESTETIKA: KEINDAHAN, SENI, DAN MAKNA

Pendahuluan: Lebih dari Sekadar Indah di Mata, Keindahan yang Mengubah

Keindahan adalah pengalaman yang universal. Kita menemukannya dalam terbit dan tenggelamnya matahari, dalam senyum seorang anak, dalam alunan melodi yang menyentuh hati, dalam lukisan yang memukau, dalam puisi yang menggugah jiwa, dalam desain bangunan yang anggun, bahkan dalam rumus matematika yang elegan. Keindahan hadir dalam berbagai bentuk dan manifestasi, menawarkan kepada kita kesenangan, inspirasi, ketenangan, atau bahkan kegelisahan (Levinson, 2013). Namun, apa sebenarnya keindahan itu? Apakah ia hanya sekadar sesuatu yang menyenangkan indra kita, atau adakah sesuatu yang lebih dalam, sesuatu yang lebih misterius, yang tersembunyi di balik pengalaman keindahan?

Estetika, cabang filsafat yang satu ini, berusaha menjawab pertanyaan-pertanyaan itu. Estetika tidak hanya berurusan dengan keindahan dalam seni, tetapi juga dengan keindahan dalam alam, dalam kehidupan sehari-hari, dan bahkan dalam gagasan-gagasan. Estetika mempertanyakan hakikat keindahan, sumbernya, fungsinya, dan dampaknya bagi kehidupan manusia. Estetika berbeda dari kritik seni. Kritik seni berfokus pada penilaian dan interpretasi karya seni tertentu. Estetika lebih luas, ia mencoba memahami fenomena keindahan dan pengalaman estetis secara umum (Levinson, 2013).

Lebih dari sekadar "bagus" atau "jelek", estetika mengajak kita untuk merenungkan bagaimana keindahan dan seni membentuk cara kita memandang dunia dan diri kita sendiri. Mungkinkah pengalaman keindahan mengungkapkan sesuatu yang mendasar tentang realitas? Mungkinkah seni menjadi jalan untuk memahami keberadaan kita secara lebih utuh?

10.1 Hakikat Keindahan: Objektif, Subjektif, atau...?

Perdebatan tentang hakikat keindahan sudah berlangsung sejak lama dalam sejarah filsafat. Apakah keindahan itu objektif? Apakah ia melekat pada objek itu sendiri, terlepas dari apakah ada orang yang mengamatinya atau tidak? Apakah keindahan itu seperti hukum gravitasi, yang berlaku di mana saja, kapan saja, dan bagi siapa saja?

Jika keindahan itu objektif, apa yang membuat sesuatu itu indah? Beberapa filsuf dan seniman berpendapat bahwa keindahan terletak pada kualitas-kualitas formal tertentu, seperti proporsi yang seimbang, harmoni warna atau nada, kesatuan dalam keragaman, simetri, atau pola-pola yang teratur. *Golden Ratio* (rasio emas) dalam matematika, misalnya, sering dihubungkan dengan keindahan dalam seni, arsitektur, dan bahkan proporsi wajah manusia. Otak manusia, menurut pandangan ini, secara alami cenderung menikmati pola-pola yang teratur tetapi tidak terlalu sederhana. Keindahan ditemukan dalam objek atau fenomena yang menggabungkan keteraturan dan kompleksitas dengan cara yang harmonis (Ruckstuhl & Ruckstuhl, 1916).

Namun, pandangan objektif ini menghadapi tantangan. Selera kita berbeda-beda. Apa yang dianggap indah oleh satu orang mungkin dianggap jelek oleh orang lain. Budaya yang berbeda memiliki standar keindahan yang berbeda. Mode dan tren dalam seni terus berubah. Apakah ini berarti bahwa keindahan itu sepenuhnya subjektif, hanya ada dalam pikiran orang yang melihatnya? "Keindahan ada di mata yang melihat," kata pepatah (Ruckstuhl & Ruckstuhl, 1916). Apakah ini berarti bahwa tidak ada standar keindahan yang universal?

Subjektivisme ekstrem berpendapat bahwa penilaian keindahan sepenuhnya adalah masalah selera pribadi. Tidak ada yang salah dengan menyukai sesuatu yang dianggap jelek oleh orang lain. Setiap orang memiliki hak untuk menentukan apa yang indah bagi dirinya sendiri. Namun, pandangan ini juga menimbulkan masalah. Jika keindahan hanya masalah selera, bagaimana kita bisa membedakan antara karya seni yang agung dan karya seni yang buruk? (Ruckstuhl & Ruckstuhl, 1916) Apakah semua penilaian tentang keindahan sama benarnya?

Relativisme estetika mencoba menjembatani objektivisme dan subjektivisme. Relativisme mengakui bahwa keindahan dapat bervariasi tergantung pada budaya, konteks, atau individu, tetapi tidak berarti bahwa semua penilaian tentang keindahan sama benarnya atau sama pentingnya. Mungkin ada standar keindahan yang berlaku dalam konteks tertentu, meskipun tidak berlaku universal. Misalnya, standar keindahan dalam musik klasik mungkin berbeda dari standar keindahan dalam musik pop, tetapi keduanya memiliki kriteria masing-masing untuk menilai kualitas karya seni (Harries, 2009).

Mungkin, keindahan bukan hanya soal objek atau subjek, tetapi sesuatu yang terjadi di antara keduanya. Mungkin keindahan adalah cara sesuatu hadir dan menampakkan diri kepada kita. Mungkin keindahan adalah peristiwa, bukan hanya sifat. Ketika kita mengatakan sebuah pemandangan itu indah, kita tidak hanya menggambarkan pemandangan itu, tetapi juga mengungkapkan bagaimana pemandangan itu membuat kita merasa, bagaimana ia menyentuh kita, bagaimana ia membuka sesuatu dalam diri kita. Keindahan, dalam pengertian ini, adalah pengalaman yang melibatkan seluruh diri kita: indra, emosi, pikiran, dan bahkan jiwa kita. Keindahan tidak hanya dilihat, tetapi juga dirasakan, dipikirkan, dan dihayati (Kuhlken, 2007).

10.2 Fungsi Seni: Lebih dari Sekadar Hiasan, Lebih dari Sekadar Hiburan

Seni telah menjadi bagian dari kehidupan manusia sejak zaman prasejarah. Lukisan-lukisan gua yang berusia puluhan ribu tahun, patung-patung kecil, alat musik, tarian, dan cerita-cerita adalah bukti bahwa manusia selalu memiliki dorongan untuk berkreasi dan mengekspresikan diri melalui seni (Harries, 2009). Mengapa manusia menciptakan seni? Apa fungsi seni dalam kehidupan kita?

Seni jelas tidak hanya berfungsi sebagai hiasan atau hiburan. Seni dapat melakukan lebih banyak dari itu. Fungsi seni sangat beragam, terkadang tumpang tindih, dan seringkali berubah sepanjang waktu (Harries, 2009). Beberapa fungsi seni yang paling umum:

- **Representasi:** Salah satu fungsi seni yang paling tua adalah meniru atau menggambarkan dunia nyata. Lukisan pemandangan, patung potret, atau novel realis adalah contoh seni representasional. Seni dapat memberikan kita gambaran tentang realitas, memungkinkan kita untuk melihat dunia dengan cara yang baru, atau mengingatkan kita pada sesuatu yang penting.
- **Ekspresi:** Seni juga dapat menjadi sarana untuk mengungkapkan emosi, perasaan, atau gagasan. Lukisan ekspresionis, musik romantis, atau puisi liris adalah contoh seni ekspresif. Seni dapat membantu kita memahami dan mengatasi emosi-emosi yang sulit, mengekspresikan identitas kita, atau berkomunikasi dengan orang lain pada tingkat yang lebih dalam.
- **Bentuk:** Seni dapat dihargai karena kualitas formalnya sendiri, terlepas dari apakah ia mewakili sesuatu atau mengekspresikan sesuatu. Komposisi, warna, tekstur, pola, irama, dan elemen-elemen formal lainnya dapat menciptakan pengalaman estetis yang menyenangkan atau menarik. Seni abstrak, musik instrumental, atau arsitektur seringkali menekankan pada aspek bentuk.
- **Komunikasi:** Seni dapat digunakan untuk menyampaikan pesan, ide, atau makna kepada penonton. Seni propaganda, seni didaktik, atau seni pertunjukan seringkali memiliki fungsi komunikatif yang jelas. Seni dapat digunakan untuk mempengaruhi opini, menginspirasi tindakan, atau membangkitkan kesadaran tentang isu-isu sosial atau politik.
- **Katarsis:** Seni dapat membantu kita memproses dan melepaskan emosi-emosi yang kuat atau sulit. Menonton film tragedi, mendengarkan musik sedih, atau menari dengan penuh semangat dapat memiliki efek katarsis, yaitu pembersihan atau pelepasan emosi.
- **Hiburan:** Seni dapat memberikan kesenangan, kenikmatan, atau hiburan. Film komedi, musik pop, atau novel ringan seringkali memiliki fungsi hiburan yang dominan. Namun, hiburan tidak selalu dangkal. Seni yang menghibur juga dapat mengandung pesan-pesan yang mendalam atau menginspirasi pemikiran.

- **Kritik Sosial:** Seni dapat digunakan untuk mengomentari, mengkritik, atau bahkan berusaha mengubah masyarakat. Seni satire, seni protes, atau seni instalasi yang provokatif seringkali memiliki fungsi kritik sosial. Seni dapat mengungkap ketidakadilan, menantang kekuasaan, atau memperjuangkan perubahan sosial.
- **Pendidikan:** Seni dapat mengajarkan sesuatu, memperluas wawasan, atau mengembangkan pemahaman. Seni dokumenter, seni sejarah, atau seni yang mengangkat isu-isu sosial seringkali memiliki fungsi pendidikan.

Penting untuk diingat bahwa sebuah karya seni dapat memiliki berbagai fungsi sekaligus, dan fungsi tersebut dapat berubah seiring waktu dan tergantung pada konteks budaya dan interpretasi individu. Tidak ada satu fungsi seni yang lebih penting atau lebih unggul dari yang lain. Nilai sebuah karya seni terletak pada kemampuannya untuk memenuhi berbagai fungsi tersebut, serta pada makna dan pengalaman yang diberikannya kepada penonton (Sheppard, 1987).

Namun, mungkinkah ada fungsi seni yang melampaui semua ini? Mungkinkah seni membantu kita melihat dunia dengan cara yang baru, cara yang lebih dalam, cara yang lebih otentik? Mungkinkah seni membuka sesuatu yang biasanya tersembunyi dari pandangan kita sehari-hari? Sebuah lukisan tentang sepatu, misalnya, mungkin tidak hanya menggambarkan sepatu secara realistis, tetapi juga mengungkapkan sesuatu tentang kehidupan, kerja keras, atau bahkan keberadaan manusia itu sendiri. Lebih dari sekadar representasi atau ekspresi, seni dapat menjadi jalan untuk mengungkapkan kebenaran yang lebih dalam tentang realitas – kebenaran yang tidak dapat diungkapkan dengan kata-kata biasa (Heidegger, 1994).

10.3 Estetika dan Pengalaman Manusia: Ketika Dunia Terbuka dan Menggugah Jiwa

Apa yang terjadi ketika kita benar-benar terhanyut dalam pengalaman estetis? Apakah itu hanya sekadar perasaan senang sesaat, atau adakah sesuatu yang lebih yang terjadi? Pengalaman estetis yang mendalam seringkali digambarkan sebagai pengalaman yang mengubah, yang membuat kita merasa lebih hidup, lebih terhubung, dan lebih sadar (Heidegger, 1994).

Ketika kita terpaku pada keindahan lukisan, terhanyut oleh alunan musik, terpesona oleh keindahan alam, atau tergugah oleh kata-kata dalam puisi, kita seolah-olah keluar dari diri kita sendiri. Perhatian kita terfokus sepenuhnya pada objek atau fenomena yang kita alami. Kita melupakan kekhawatiran dan gangguan sehari-hari. Emosi kita tergugah – kita mungkin merasakan kekaguman, kegembiraan, kesedihan, ketenangan, atau bahkan ketakutan. Kita menyadari kualitas formal dari objek tersebut – warna, bentuk, tekstur, pola, irama, harmoni. Kita merasakan semacam kesatuan – kesatuan antara diri kita dan objek yang kita alami, atau kesatuan antara berbagai elemen dalam objek tersebut. Bahkan, dalam momen-momen yang paling intens, kita mungkin merasa melampaui batas-batas diri kita yang biasa, terhubung dengan sesuatu yang lebih besar, lebih dalam, atau lebih bermakna (Heidegger, 1994).

Pengalaman estetis tidak hanya menyenangkan, tetapi juga bermakna. Ia dapat memperkaya hidup kita, memperluas wawasan kita, menginspirasi kita, menghibur kita, bahkan menyembuhkan kita. Pengalaman estetis dapat membantu kita merasa lebih hidup, lebih terhubung dengan dunia dan diri kita sendiri (Heidegger, 1994).

Tidak semua orang mengalami pengalaman estetis dengan cara yang sama. Beberapa orang mungkin lebih peka terhadap keindahan daripada yang lain. Namun, kita semua dapat belajar untuk lebih menghargai keindahan dan seni, dan dengan demikian memperkaya pengalaman hidup kita. Membuka diri terhadap berbagai jenis seni, belajar tentang sejarah dan teori seni, melatih kepekaan kita terhadap detail-detail kecil, dan berdiskusi dengan orang lain tentang pengalaman estetis kita dapat membantu kita mengembangkan kemampuan kita untuk menikmati, memahami, dan menghargai keindahan dan seni. Mungkin, dalam pengalaman estetis yang mendalam, kita dapat menemukan jalan menuju pemahaman yang lebih besar tentang diri kita sendiri, dunia, dan tempat kita di dalamnya. Mungkin, seni memiliki kekuatan untuk membuka realitas itu bagi kita, membantu kita memahami keberadaan kita dengan cara yang lebih dalam (Parry, 2011).

Istilah Kunci:

- **Estetika:** Cabang filsafat yang mempelajari keindahan, seni, dan pengalaman estetis.
- **Keindahan:** Kualitas yang memberikan kesenangan atau kepuasan estetis.
- **Seni:** Ekspresi atau penerapan keterampilan kreatif dan imajinasi manusia, biasanya dalam bentuk visual, audio, atau pertunjukan.
- **Pengalaman Estetis:** Pengalaman unik dan mendalam yang melibatkan perhatian yang terfokus, keterlibatan emosional, kesadaran akan bentuk, rasa kesatuan, dan transendensi.
- **Objektivisme Estetika:** Pandangan bahwa keindahan adalah kualitas objektif yang ada dalam objek itu sendiri.
- **Subjektivisme Estetika:** Pandangan bahwa keindahan adalah kualitas subjektif yang bergantung pada pengalaman individu.
- **Relativisme Estetika:** Pandangan bahwa keindahan bervariasi tergantung pada budaya, konteks, atau individu, tetapi masih ada standar yang berlaku dalam konteks tertentu.
- **Representasi:** Fungsi seni yang meniru atau menggambarkan dunia nyata.
- **Ekspresi:** Fungsi seni yang mengungkapkan emosi, perasaan, atau gagasan.
- **Bentuk:** Fungsi seni yang menekankan pada kualitas formal, seperti komposisi, warna, tekstur, pola, atau irama.
- **Katarsis:** Fungsi seni yang membantu memurnikan atau melepaskan emosi.

Bacaan Lebih Lanjut:

- **(Buku Teks/Pengantar Estetika):**
  - Gaut, B., & Lopes, D. M. (Eds.). (2013). *The Routledge Companion to Aesthetics* (3rd ed.). Routledge.
  - Carroll, N. (2000). *Philosophy of Art: A Contemporary Introduction*. Routledge.

- Graham, G. (2005). *Philosophy of the Arts: An Introduction to Aesthetics* (3rd ed.). Routledge.
- Danto, A. C. (1981). *The Transfiguration of the Commonplace: A Philosophy of Art*. Harvard University Press. (Buku yang cukup berpengaruh tentang filsafat seni)
- Scruton, R. (2009). *Beauty: A Very Short Introduction*. Oxford University Press. (Pengantar singkat tentang konsep keindahan)
- Hofstadter, D. R. (1979). *Gödel, Escher, Bach: An Eternal Golden Braid*. Basic Books. (Buku yang mengeksplorasi hubungan antara matematika, seni, dan musik)

Pertanyaan Ulasan:

1. Apakah keindahan itu objektif, subjektif, atau relatif? Berikan argumen untuk mendukung jawaban Anda.
2. Pilih satu karya seni (lukisan, lagu, film, puisi, dll.) yang pernah Anda alami. Fungsi seni apa yang paling dominan dalam karya tersebut? Apakah karya tersebut memiliki fungsi lain?
3. Apakah semua benda bisa menjadi karya seni? Apa yang membedakan karya seni dari benda biasa?
4. Ceritakan pengalaman estetis yang pernah Anda alami. Kualitas-kualitas apa yang membuat pengalaman tersebut berbeda dari pengalaman biasa?
5. Bagaimana pengalaman estetis dapat memengaruhi cara kita memandang dunia dan diri kita sendiri?
6. Apakah keindahan itu penting dalam hidup? Mengapa?
7. Apakah fungsi utama dari seni? Apakah semua karya seni harus memiliki fungsi atau manfaat praktis?
8. Apakah seni dan keindahan dapat mengubah cara kita memandang tentang diri dan lingkungan?

BAB 11: FILSAFAT BARAT MODERN: MUNCULNYA SUBJEKTIVITAS

Pendahuluan: Dari Otoritas ke Akal Budi – Manusia Mulai Bertanya pada Diri Sendiri

Bayangkan sebuah dunia di mana jawaban atas pertanyaan-pertanyaan penting sudah ditentukan oleh tradisi, agama, atau penguasa. Tidak ada ruang untuk keraguan, pertanyaan, atau pemikiran mandiri. Itulah gambaran sebagian besar Eropa Abad Pertengahan. Namun, perlahan-lahan, gambaran ini mulai berubah. Renaissance menghidupkan kembali semangat pemikiran Yunani Kuno, yang menekankan akal budi dan pengamatan. Reformasi Protestan menggugat otoritas gereja, membuka jalan bagi kebebasan berpikir dalam agama. Revolusi Ilmiah, dengan tokoh-tokoh seperti Copernicus, Galileo, dan Newton, mengubah cara manusia memandang alam semesta. Bumi bukan lagi pusat alam semesta, dan hukum-hukum alam dapat dipahami melalui matematika dan observasi, bukan hanya melalui wahyu atau spekulasi (Venn, 2000).

Semua perubahan besar ini melahirkan Abad Pencerahan (*Enlightenment*), sebuah gerakan intelektual yang menekankan kekuatan akal budi dan pengalaman individu. Manusia tidak lagi harus menerima begitu saja apa yang dikatakan oleh otoritas. Manusia dapat dan harus berpikir sendiri, mempertanyakan segalanya, dan mencari kebenaran berdasarkan akal budi dan bukti empiris. Inilah munculnya subjektivitas: kesadaran akan diri sebagai individu yang berpikir, merasa, memilih, dan bertanggung jawab (Venn, 2000).

11.1 Rasionalisme: Keyakinan pada Kekuatan Pikiran

Rasionalisme adalah aliran pemikiran yang percaya bahwa akal budi adalah sumber utama pengetahuan. Para rasionalis tidak menyangkal pentingnya pengalaman, tetapi mereka berpendapat bahwa akal budi memiliki kemampuan untuk mencapai kebenaran yang pasti dan universal, terlepas dari pengalaman (HURST, 2020).

- **René Descartes (1596-1650):** Descartes, sering disebut "Bapak Filsafat Modern", meragukan segala sesuatu yang bisa ia ragukan. Ia mencari fondasi pengetahuan yang tidak tergoyahkan. Ia menemukan fondasi itu dalam kesadarannya sendiri: "Cogito, ergo sum" – "Aku berpikir, maka aku ada". Bagi Descartes, fakta bahwa ia berpikir membuktikan keberadaannya. Dari kepastian ini, Descartes berusaha membangun seluruh sistem pengetahuannya, dengan menggunakan metode deduksi (berpikir dari prinsip-prinsip umum ke kesimpulan-kesimpulan khusus). Namun, Descartes juga membuat perbedaan yang tegas antara pikiran (res cogitans, substansi yang berpikir) dan tubuh (res extensa, substansi yang memiliki luas). Bagaimana pikiran yang non-fisik ini berinteraksi dengan tubuh yang fisik? Ini menjadi pertanyaan besar bagi Descartes dan para pengikutnya (dualisme Cartesian) (HURST, 2020).
- **Baruch Spinoza (1632-1677):** Spinoza menolak dualisme Descartes. Bagi Spinoza, hanya ada satu substansi: Tuhan, atau yang ia sebut juga Alam. Pikiran dan tubuh bukanlah dua substansi yang terpisah, melainkan dua atribut dari substansi yang sama. Spinoza percaya bahwa segala sesuatu terjadi sesuai dengan hukum alam yang pasti, dan bahwa kebebasan sejati terletak pada pemahaman akan keteraturan ini (HURST, 2020).
- **Gottfried Wilhelm Leibniz (1646-1716):** Leibniz juga seorang rasionalis, tetapi ia percaya pada banyak substansi, yang disebutnya monad. Monad adalah unit-unit dasar realitas, bersifat spiritual, dan tidak berinteraksi secara langsung satu sama lain. Namun, semua monad mencerminkan alam semesta dari sudut pandang mereka masing-masing, dan semuanya terkoordinasi secara sempurna oleh Tuhan ("harmoni yang telah ditetapkan sebelumnya") (HURST, 2020).

Rasionalisme memberikan kontribusi besar bagi perkembangan matematika dan ilmu pengetahuan. Namun, ia juga dikritik karena terlalu mengandalkan akal budi dan mengabaikan peran penting pengalaman (HURST, 2020).

11.2 Empirisme: Pengalaman, Sumber Segala Pengetahuan?

Empirisme adalah aliran pemikiran yang berlawanan dengan rasionalisme. Empirisme menekankan pengalaman indrawi sebagai sumber utama pengetahuan. Bagi para empiris, pikiran kita awalnya kosong, seperti kertas putih (tabula rasa), dan semua pengetahuan kita berasal dari pengalaman: melihat, mendengar, meraba, mencium, dan merasakan (Gupta, 2006).

- **John Locke (1632-1704):** Locke adalah tokoh kunci empirisme. Ia menolak gagasan tentang ide-ide bawaan (ide yang sudah ada dalam pikiran kita sejak lahir). Bagi Locke, semua ide kita berasal dari pengalaman. Ada dua jenis pengalaman: sensasi (pengalaman indrawi langsung – melihat warna merah, merasakan sakit, dll.) dan refleksi (proses memikirkan pengalaman kita). Dari pengalaman-pengalaman ini, kita membentuk ide-ide sederhana, dan kemudian menggabungkannya menjadi ide-ide kompleks. Locke juga terkenal dengan teori politiknya tentang hak-hak alami dan kontrak sosial, yang sangat memengaruhi pemikiran Pencerahan (Allen, 2021).
- **George Berkeley (1685-1753):** Berkeley membawa empirisme ke kesimpulan yang radikal. Ia berpendapat bahwa hanya ada pikiran dan ide-ide. Benda-benda material tidak ada secara independen dari pikiran yang mempersepsinya. "Esse est percipi" – "ada adalah dipersepsi". Bagi Berkeley, Tuhan adalah penjamin keberadaan dunia, karena Tuhan selalu mempersepsi segala sesuatu (Allen, 2021).
- **David Hume (1711-1776):** Hume adalah empiris yang paling skeptis. Ia mempertanyakan kemampuan kita untuk mengetahui hubungan sebab-akibat secara pasti. Bagi Hume, kita hanya mengamati peristiwa-peristiwa yang terjadi secara berurutan, tetapi kita tidak pernah mengamati hubungan kausal itu sendiri. Hubungan sebab-akibat, menurut Hume, hanyalah kebiasaan pikiran, bukan kebutuhan logis. Hume juga meragukan keberadaan diri yang tetap dan kebenaran induksi (generalisasi dari pengalaman) (Allen, 2021).

Empirisme memberikan dorongan yang kuat bagi perkembangan ilmu pengetahuan, dengan menekankan pentingnya observasi dan eksperimen. Namun, empirisme juga dikritik karena terlalu membatasi sumber pengetahuan dan tidak dapat menjelaskan pengetahuan kita tentang konsep-konsep abstrak, seperti matematika dan logika (Allen, 2021).

11.3 Kant: Menjembatani Rasionalisme dan Empirisme

Immanuel Kant (1724-1804) adalah raksasa dalam sejarah filsafat. Ia berusaha mengatasi perdebatan antara rasionalisme dan empirisme dengan menggabungkan wawasan dari kedua tradisi tersebut. Kant setuju dengan empirisme bahwa semua pengetahuan kita dimulai dari pengalaman. Namun, ia tidak setuju bahwa pikiran kita hanyalah penerima pasif dari pengalaman. Sebaliknya, Kant berpendapat bahwa pikiran kita aktif membentuk pengalaman kita (Scruton, 2001).

Kant membedakan antara fenomena (dunia yang tampak bagi kita, yang dibentuk oleh struktur pikiran kita) dan noumena (dunia sebagaimana adanya, terlepas dari pengalaman kita). Kita hanya dapat mengetahui fenomena, tidak pernah noumena (Scruton, 2001).

Pikiran kita, menurut Kant, memiliki struktur bawaan yang memungkinkan kita untuk memahami dunia. Struktur ini terdiri dari kategori-kategori pemahaman (seperti substansi, sebab-akibat, kuantitas, kualitas) dan bentuk-bentuk intuisi (ruang dan waktu). Kategori-kategori dan bentuk-bentuk intuisi ini bukanlah sesuatu yang kita pelajari dari pengalaman, melainkan sesuatu yang sudah ada dalam pikiran kita, yang memungkinkan kita untuk mengalami dunia dengan cara tertentu. Kita secara intuitif, misalnya, memahami bahwa setiap peristiwa memiliki sebab (Scruton, 2001).

Pemikiran Kant sering disebut sebagai "Revolusi Kopernikan" dalam filsafat. Sebelum Kant, filsuf-filsuf cenderung berpikir bahwa pikiran kita menyesuaikan diri dengan dunia. Kant membalikkan hubungan ini: dunialah yang menyesuaikan diri dengan pikiran kita. Selain epistemologinya, Kant juga terkenal dengan etika deontologisnya (yang telah kita bahas di Bab 9) dan estetikanya (tentang penilaian keindahan) (Scruton, 2001).

11.4 Idealisme Jerman: Hegel dan Puncak Rasionalitas

Setelah Kant, muncul aliran idealisme Jerman, dengan tokoh-tokoh seperti Fichte, Schelling, dan Hegel. Idealisme Jerman mengembangkan pemikiran Kant tentang peran aktif pikiran dalam membentuk realitas, tetapi melangkah lebih jauh dengan berpendapat bahwa realitas itu sendiri bersifat mental atau spiritual (Harris, 2002).

G.W.F. Hegel (1770-1831) adalah tokoh paling berpengaruh dalam idealisme Jerman. Hegel mengembangkan sistem filsafat yang kompleks dan ambisius, yang berusaha menjelaskan seluruh realitas sebagai perkembangan Roh Absolut (*Geist*) (Harris, 2002).

Roh Absolut, bagi Hegel, adalah kesadaran universal yang terus-menerus berkembang melalui proses dialektika. Dialektika adalah proses di mana sebuah ide (tesis) berhadapan dengan ide yang berlawanan (antitesis), dan dari pertentangan ini muncul ide baru yang lebih tinggi (sintesis). Sintesis ini kemudian menjadi tesis baru, yang berhadapan dengan antitesis baru, dan begitu seterusnya, hingga akhirnya Roh Absolut mencapai kesadaran diri yang penuh dan mutlak (Harris, 2002).

Hegel menerapkan dialektika ini pada sejarah. Bagi Hegel, sejarah adalah perkembangan kesadaran manusia tentang kebebasan. Setiap zaman dalam sejarah mewakili tahap tertentu dalam perkembangan ini, dan setiap tahap mengandung kontradiksi internal yang akhirnya mengarah pada tahap berikutnya (Harris, 2002).

Pemikiran Hegel sangat memengaruhi filsafat, politik, dan teologi pada abad ke-19 dan ke-20. Beberapa pemikir yang dipengaruhi oleh Hegel antara lain Karl Marx (yang mengembangkan materialisme dialektis), Søren Kierkegaard (yang mengembangkan eksistensialisme), dan para filsuf Frankfurt School (yang mengembangkan teori kritis) (Harris, 2002).

Istilah Kunci:

- **Pencerahan (Enlightenment):** Gerakan intelektual abad ke-18 yang menekankan akal budi, sains, dan hak-hak individu.
- **Subjektivitas:** Kesadaran akan diri sebagai individu yang berpikir, merasa, dan bertindak.
- **Rasionalisme:** Pandangan bahwa akal budi adalah sumber utama pengetahuan.
- **Empirisme:** Pandangan bahwa pengalaman indrawi adalah sumber utama pengetahuan.
- **Cogito, ergo sum:** "Aku berpikir, maka aku ada" – pernyataan Descartes yang menjadi dasar filsafatnya.
- **Dualisme Cartesian:** Pemisahan antara pikiran (res cogitans) dan tubuh (res extensa) oleh Descartes.
- **Monisme:** Pandangan bahwa hanya ada satu substansi dasar (Spinoza).
- **Monad:** Substansi sederhana yang bersifat spiritual, menurut Leibniz.
- **Tabula Rasa:** Gagasan Locke bahwa pikiran manusia pada saat lahir adalah seperti kertas kosong.
- **Ide Sederhana:** Ide-ide yang berasal dari pengalaman indrawi langsung (Locke).
- **Ide Kompleks:** Ide-ide yang dibentuk dari kombinasi ide-ide sederhana (Locke).
- **Esse est percipi:** "Ada adalah dipersepsi" – pandangan Berkeley bahwa benda-benda material hanya ada jika dipersepsi.
- **Skeptisisme:** Pandangan yang meragukan kemampuan kita untuk mengetahui sesuatu dengan pasti (Hume).
- **Fenomena:** Dunia yang tampak bagi kita, yang dibentuk oleh struktur pikiran kita (Kant).
- **Noumena:** Dunia sebagaimana adanya, terlepas dari pengalaman kita (Kant).
- **Kategori Pemahaman:** Konsep-konsep bawaan yang membentuk pengalaman kita (Kant).
- **Idealisme Jerman:** Aliran filsafat yang menekankan peran aktif pikiran dalam membentuk realitas (Fichte, Schelling, Hegel).
- **Dialektika:** Proses perkembangan pemikiran melalui tesis, antitesis, dan sintesis (Hegel).

- **Roh Absolut (Geist):** Kesadaran universal yang terus-menerus berkembang dalam pemikiran Hegel.

Bacaan Lebih Lanjut:

? (Buku Teks / Sejarah Filsafat Modern):

- Kenny, A. (2006). *The Rise of Modern Philosophy: A New History of Western Philosophy, Volume 3*. Oxford University Press. (Tinjauan akademis yang komprehensif dan standar tentang periode ini).
- Russell, B. (1945). *A History of Western Philosophy*. Simon & Schuster. (Pengantar klasik yang sangat mudah dibaca dan mencakup periode modern dengan gaya yang menarik, meskipun terkadang subjektif).
- Copleston, F. (1994). *A History of Philosophy, Volumes IV-VII*. Image Books. (Seri sejarah filsafat yang sangat mendalam dan terperinci, cocok untuk studi yang serius).
- Melchert, N. (2018). *The Great Conversation: A Historical Introduction to Philosophy*. Oxford University Press. (Buku ajar yang populer, menyajikan ide-ide filosofis dalam konteks dialog historis).

? (Teks Primer - Karya Asli Para Filsuf):

- Descartes, R. (1641). *Meditations on First Philosophy*. (Karya fundamental Descartes di mana ia memperkenalkan "Cogito, ergo sum" dan dualisme).
- Locke, J. (1689). *An Essay Concerning Human Understanding*. (Teks dasar empirisme yang menguraikan gagasan *tabula rasa*).
- Hume, D. (1748). *An Enquiry Concerning Human Understanding*. (Versi yang lebih ringkas dari pemikiran skeptis Hume tentang sebab-akibat dan induksi).
- Kant, I. (1781). *Critique of Pure Reason*. (Karya monumental namun sulit yang berisi "Revolusi Kopernikan" Kant dalam filsafat).

- Hegel, G.W.F. (1807). *Phenomenology of Spirit*. (Teks utama Hegel yang menjelaskan perkembangan Roh Absolut melalui dialektika; terkenal sangat kompleks).

� **(Pengantar untuk Filsuf Tertentu):**

- Scruton, R. (2001). *Kant: A Very Short Introduction*. Oxford University Press. (Pengantar yang sangat baik dan ringkas untuk pemikiran Kant yang kompleks).
- Singer, P. (2001). *Hegel: A Very Short Introduction*. Oxford University Press. (Panduan awal yang bermanfaat untuk memahami filsuf yang terkenal sulit ini).
- Strathern, P. (1998). *Descartes in 90 Minutes*. Ivan R. Dee. (Bagian dari seri yang memberikan gambaran umum yang cepat dan mudah diakses tentang kehidupan dan gagasan seorang filsuf).

Pertanyaan Ulasan:

1. Jelaskan apa yang dimaksud dengan "munculnya subjektivitas" dalam filsafat Barat Modern. Bagaimana hal ini berbeda dari cara pandang sebelumnya?
2. Apa perbedaan utama antara *rasionalisme* dan *empirisme*? Berikan contoh tokoh dan argumen dari masing-masing aliran.
3. Bagaimana Kant *berusaha menjembatani* rasionalisme dan empirisme? Jelaskan konsep *fenomena* dan *noumena*.
4. Apa yang dimaksud dengan *dialektika* Hegel? Bagaimana konsep ini *diterapkan* pada *pemahaman* tentang *sejarah*?
5. Bagaimana *perkembangan ilmu pengetahuan* pada Abad Pencerahan *memengaruhi pemikiran filosofis* pada masa itu?
6. Menurut Anda, *manakah* yang *lebih penting*: *akal budi* atau *pengalaman* dalam *memperoleh pengetahuan*? *Jelaskan* jawaban Anda.
7. Apakah kita bisa *benar-benar yakin* tentang *apa pun*? *Jelaskan*

BAB 12: FILSAFAT KONTEMPORER: MEMIKIRKAN KEMBALI DUNIA KITA

Pendahuluan: Dunia yang Berubah, Pertanyaan yang Bertahan

Filsafat, seperti halnya kehidupan, tidak pernah diam di tempat. Setelah era modern dengan keyakinannya pada akal budi dan kemajuan, muncullah filsafat kontemporer, yang seringkali menggugat keyakinan-keyakinan tersebut. Dunia berubah dengan cepat: teknologi berkembang pesat, informasi membanjiri kita, dan cara kita berinteraksi dengan dunia berubah. Filsafat kontemporer mencoba memahami perubahan-perubahan ini, menantang kita untuk memikirkan kembali asumsi-asumsi kita tentang pengetahuan, makna, bahasa, kekuasaan, dan bagaimana kita seharusnya hidup (West, 2010).

12.1 Dari Rasionalisme ke Fenomenologi: Melihat Dunia dengan Mata Baru

Filsafat modern, terutama rasionalisme, percaya bahwa akal budi adalah kunci untuk memahami dunia. Namun, beberapa pemikir mulai meragukan apakah akal budi saja cukup. Apakah pengalaman kita tentang dunia hanya sekadar proses berpikir? Bagaimana dengan perasaan, intuisi, dan pengalaman langsung kita?

Fenomenologi muncul sebagai cara baru untuk mendekati pertanyaan-pertanyaan ini. Didirikan oleh Edmund Husserl (1859-1938), fenomenologi mengajak kita untuk kembali ke pengalaman langsung kita, sebelum kita menerapkan kategori-kategori atau teori-teori yang rumit. Bayangkan Anda melihat sebuah bunga. Sebelum Anda berpikir tentang nama bunga itu, jenisnya, atau kegunaannya, Anda mengalami kehadiran bunga itu secara langsung: warnanya, bentuknya, baunya. Fenomenologi berusaha menggambarkan pengalaman ini apa adanya, tanpa prasangka (Magri & McQueen, 2022).

Husserl mengembangkan metode yang disebut reduksi fenomenologis. Ini bukan berarti menyangkal keberadaan dunia luar. Ini adalah cara untuk mengesampingkan sementara semua keyakinan kita tentang dunia, agar kita dapat fokus pada bagaimana dunia menampakkan diri kepada kesadaran kita. Husserl menemukan bahwa kesadaran kita selalu terarah pada sesuatu. Kita tidak pernah hanya sadar; kita selalu sadar akan sesuatu. Ini disebut intensionalitas (Magri & McQueen, 2022). Fenomenologi berpengaruh besar pada filsafat kontemporer, membuka jalan bagi cara-cara baru untuk memahami pengalaman manusia, kesadaran, dan hubungan kita dengan dunia.

12.2 Dekonstruksi: Menggoyahkan Makna yang Mapan

Pernahkah Anda merasa bahwa kata-kata tidak pernah benar-benar mampu mengungkapkan apa yang ingin Anda katakan? Atau, pernahkah Anda membaca sebuah teks dan menemukan makna yang berbeda-beda, bahkan yang bertentangan? Jika ya, Anda mungkin sudah merasakan apa yang diperjuangkan oleh dekonstruksi (Howells, 2013).

Dekonstruksi, yang dikembangkan oleh filsuf Prancis Jacques Derrida (1930-2004), adalah cara membaca dan memahami teks yang menantang gagasan bahwa makna itu tetap, stabil, dan objektif. Derrida berpendapat bahwa bahasa tidak pernah sepenuhnya transparan. Setiap kata, setiap konsep, selalu bergantung pada kata-kata lain, konsep-konsep lain, dan selalu ada makna yang tersembunyi, makna yang ditunda, atau makna yang bertentangan (Howells, 2013).

Dekonstruksi berusaha membongkar oposisi biner (pasangan konsep yang berlawanan) yang sering kita gunakan untuk memahami dunia, seperti baik/buruk, pria/wanita, terang/gelap. Derrida menunjukkan bahwa oposisi-oposisi ini tidak netral. Salah satu istilah biasanya dianggap lebih baik atau lebih utama dari yang lain. Dekonstruksi berusaha mempertanyakan hierarki ini dan menunjukkan bahwa makna selalu tergantung pada konteks dan interpretasi (Howells, 2013).

Dekonstruksi mungkin terdengar rumit, tetapi intinya adalah mengajak kita untuk lebih kritis terhadap bahasa dan cara kita memahami dunia. Tidak ada makna tunggal yang pasti dalam teks atau dalam kehidupan. Makna selalu terbuka untuk interpretasi ulang, negosiasi, dan perubahan (Howells, 2013).

12.3 Eksistensialisme: Merangkul Kebebasan, Menghadapi Ketidakpastian

Eksistensialisme bukanlah aliran pemikiran yang seragam, tetapi lebih merupakan sikap atau orientasi yang menekankan pada pengalaman individu, kebebasan, tanggung jawab, dan pencarian makna dalam dunia yang seringkali terasa tidak masuk akal (Aho, 2020).

Beberapa tema kunci dalam eksistensialisme:

- **Keberadaan Mendahului Esensi:** Ini adalah gagasan bahwa manusia tidak dilahirkan dengan sifat atau tujuan yang sudah ditentukan. Kita ada terlebih dahulu, dan kemudian kita menciptakan esensi kita melalui pilihan dan tindakan kita. Hidup adalah proyek yang terus-menerus kita kerjakan.
- **Kebebasan Radikal:** Manusia sepenuhnya bebas untuk memilih. Tidak ada kekuatan luar (Tuhan, alam, masyarakat, dll.) yang dapat menentukan siapa kita atau apa yang harus kita lakukan. Kebebasan ini bisa jadi menakutkan, tetapi juga memberdayakan.
- **Tanggung Jawab Mutlak:** Karena kita sepenuhnya bebas, kita juga sepenuhnya bertanggung jawab atas pilihan-pilihan kita. Tidak ada alasan atau pembenaran yang dapat melepaskan kita dari tanggung jawab ini.
- **Kecemasan (Angst):** Kebebasan dan tanggung jawab yang radikal ini menimbulkan kecemasan. Kita cemas karena kita tahu bahwa kita harus memilih, tetapi tidak ada jaminan bahwa pilihan kita benar atau akan membawa kita pada kebahagiaan.
- **Absurditas:** Dunia ini tidak memiliki makna atau tujuan yang inheren. Tidak ada jawaban yang mudah untuk pertanyaan-pertanyaan eksistensial. Kita harus menghadapi absurditas ini dengan keberanian dan kejujuran.
- **Keberadaan yang Otentik:** Hidup secara otentik berarti menerima kebebasan dan tanggung jawab kita, menghadapi kecemasan dan absurditas, dan berusaha menciptakan makna kita sendiri dalam hidup. Keberadaan yang tidak otentik adalah hidup dalam penyangkalan, berpura-pura bahwa kita tidak

bebas, melemparkan tanggung jawab kepada orang lain atau keadaan, atau mencari makna dalam hal-hal yang dangkal.

Beberapa tokoh penting dalam eksistensialisme (selain Nietzsche, yang sudah dibahas di bab sebelumnya):

- **Søren Kierkegaard (1813-1855):** Kierkegaard, seorang filsuf dan teolog Denmark, sering dianggap sebagai salah satu pemikir eksistensialis pertama. Ia menekankan pentingnya pilihan individu, iman, dan komitmen subjektif.
- **Martin Heidegger (1889-1976):** Meskipun Heidegger menolak label "eksistensialis", pemikirannya tentang Dasein (keberadaan manusia), keterlemparan ke dalam dunia, kecemasan, dan kematian sangat memengaruhi eksistensialisme.
- **Jean-Paul Sartre (1905-1980):** Sartre adalah salah satu tokoh utama eksistensialisme. Ia berpendapat bahwa manusia sepenuhnya bebas dan bertanggung jawab untuk menciptakan makna dalam hidupnya sendiri. Ia terkenal dengan pernyataannya: "Manusia dikutuk untuk bebas."
- **Simone de Beauvoir (1908-1986):** Beauvoir adalah pasangan Sartre dan pemikir eksistensialis yang penting. Ia menerapkan kerangka eksistensialis pada isu-isu gender dan feminisme. Karyanya yang paling terkenal, The Second Sex, menganalisis bagaimana perempuan didefinisikan dan ditindas oleh masyarakat patriarki.
- **Albert Camus (1913-1960):** Camus terkenal dengan konsep absurditas. Ia berpendapat bahwa hidup ini tidak memiliki makna, tetapi kita harus memberontak terhadap absurditas ini dengan terus hidup, mencari kebahagiaan, dan memperjuangkan keadilan.

Eksistensialisme memiliki pengaruh yang sangat besar pada sastra, seni, teologi, dan psikologi abad ke-20. Ia menawarkan cara pandang yang kuat dan menantang tentang keberadaan manusia, kebebasan, dan tanggung jawab (Anam, 2025b).

Istilah Kunci:

- **Filsafat Kontemporer:** Periode dalam sejarah filsafat yang dimulai pada akhir abad ke-19 atau awal abad ke-20, ditandai dengan kritik terhadap modernitas, keragaman pendekatan, dan perhatian pada isu-isu seperti bahasa, makna, kekuasaan, dan pengalaman subjektif.
- **Modernitas:** Periode dalam sejarah Barat yang ditandai oleh keyakinan pada akal budi, kemajuan ilmu pengetahuan, dan otonomi individu.
- **Rasionalitas:** Penggunaan akal budi dan logika dalam berpikir dan bertindak.
- **Objektivitas:** Keyakinan bahwa ada kebenaran yang independen dari pikiran atau perspektif manusia.
- **Kemajuan:** Gagasan bahwa sejarah manusia bergerak menuju keadaan yang lebih baik.
- **Bahasa:** Sistem simbol dan aturan yang digunakan manusia untuk berkomunikasi dan berpikir.
- **Kekuasaan:** Kemampuan untuk memengaruhi atau mengendalikan orang lain atau peristiwa.
- **Sejarah:** Studi tentang masa lalu, tetapi juga kesadaran bahwa kita *terikat* pada masa lalu dan *dibentuk* olehnya.
- **Pengalaman:** Cara kita *menghayati* dan *merasakan* dunia, baik melalui indra, emosi, maupun pikiran.
- **Fenomenologi:** Aliran filsafat yang berfokus pada *deskripsi* pengalaman *sebagaimana adanya*, tanpa prasangka atau teori.
- **Intensionalitas:** Sifat kesadaran yang *selalu terarah* pada *sesuatu* (objek, ide, perasaan, dll.).
- **Reduksi Fenomenologis:** Metode untuk *mengesampingkan sementara* keyakinan kita tentang dunia luar agar dapat *fokus* pada *struktur pengalaman* itu sendiri.
- **Dekonstruksi:** Metode analisis yang *membongkar* oposisi biner dan *mengungkap* ketidakstabilan makna dalam teks dan pemikiran.
- **Oposisi Biner:** Pasangan konsep yang berlawanan, yang seringkali memiliki hierarki tersembunyi (misalnya, baik/buruk, pria/wanita, pikiran/tubuh).

- **Logosentrisme:** Keyakinan bahwa *akal budi* dan *bahasa* adalah *pusat kebenaran* dan *makna.* (Istilah yang digunakan oleh Derrida.)
- **Eksistensialisme:** Orientasi filosofis yang menekankan *kebebasan individu, tanggung jawab, kecemasan, absurditas,* dan *pencarian makna* dalam *kehidupan.*
- **Keberadaan Mendahului Esensi:** Gagasan bahwa manusia *tidak dilahirkan* dengan *sifat* atau *tujuan* yang *sudah ditentukan,* tetapi *menciptakan esensi* mereka sendiri melalui *pilihan* dan *tindakan.*
- **Kebebasan Radikal:** Gagasan bahwa manusia *sepenuhnya bebas* untuk *memilih, tidak dibatasi* oleh *faktor eksternal* apa pun.
- **Tanggung Jawab Mutlak:** Konsekuensi dari kebebasan radikal: kita *sepenuhnya bertanggung jawab* atas *pilihan* dan *tindakan* kita.
- **Kecemasan (Angst):** Perasaan *tidak nyaman, gelisah,* atau *takut* yang *muncul* dari *kesadaran* akan *kebebasan* dan *keterbatasan* kita.
- **Absurditas:** Gagasan bahwa *tidak ada makna* atau *tujuan inheren* dalam *kehidupan* atau *alam semesta.*
- **Keberadaan yang Otentik:** Cara hidup yang *menerima kebebasan, tanggung jawab,* dan *absurditas,* dan *berusaha menciptakan makna* dalam *kehidupan.*

Referensi:

- **(Buku Pengantar Filsafat Kontemporer):**
  - Critchley, S. (2001). *Continental philosophy: A very short introduction.* Oxford University Press. (Pengantar yang sangat singkat dan mudah dipahami tentang filsafat kontinental)
  - West, D. (2010). *Continental philosophy: An introduction.* Polity Press. (Pengantar yang lebih komprehensif tentang filsafat kontinental)
  - Glendinning, S. (2006). *The idea of continental philosophy: A philosophical chronicle.* Edinburgh University Press. (Menjelaskan perbedaan antara filsafat kontinental dan analitik)

- Cutrofello, A. (2005). *Continental philosophy: A contemporary introduction*. Routledge.
-

- **(Karya-karya Klasik (dengan terjemahan yang mudah diakses):**
    - Kierkegaard, S. *Fear and Trembling* (Takut dan Gentar).
    - Nietzsche, F. *Thus Spoke Zarathustra* (Demikianlah Sabda Zarathustra).
    - Heidegger, M. *Being and Time* (Ada dan Waktu) – (sangat sulit, cari ringkasan atau pengantar terlebih dahulu).
    - Sartre, J.-P. *Being and Nothingness* (Ada dan Ketiadaan) – (sangat sulit, cari ringkasan atau pengantar terlebih dahulu). *Existentialism Is a Humanism* (Eksistensialisme adalah Humanisme) – (lebih mudah diakses).
    - Camus, A. *The Myth of Sisyphus* (Mitos Sisifus).
    - Beauvoir, S. de. *The Second Sex* (Jenis Kelamin Kedua).
    - Derrida, J. *Of Grammatology* (Tentang Gramatologi) – (sangat sulit, cari ringkasan atau pengantar terlebih dahulu).
    - Foucault, M. *The Order of Things* (Tatanan Hal-hal) – (sulit, tapi penting).

Pertanyaan Ulasan:

1. Filsafat kontemporer sering dikatakan sebagai "reaksi terhadap modernitas". Apa yang dimaksud dengan pernyataan ini? Aspek-aspek apa dari modernitas yang dikritik oleh para filsuf kontemporer?
2. Jelaskan metode reduksi fenomenologis Husserl. Apa tujuan dari metode ini? Bagaimana metode ini berhubungan dengan gagasan bahwa kesadaran selalu merupakan kesadaran akan sesuatu?
3. Apa yang dimaksud dengan dekonstruksi? Bagaimana dekonstruksi menantang cara berpikir tradisional tentang bahasa dan makna? Berikan contoh oposisi biner dan jelaskan bagaimana Derrida mungkin mendekonstruksinya.
4. Apakah hidup ini absurd? Jika ya, bagaimana kita seharusnya menghadapi absurditas tersebut? Apakah mungkin menemukan makna dalam dunia yang absurd?

5. Apa perbedaan fenomenologi, dekonstruksi, dan eksistensialisme?
6. Bagaimana cara pandang tokoh filsafat kontemporer dalam melihat fenomena sehari-hari?
7. Benarkah kebebasan selalu membuat manusia cemas?

BAB 13: HERMENEUTIKA DAN TEORI KRITIS: MEMAHAMI DUNIA, MENGUBAH DUNIA

Pendahuluan: Lebih dari Sekadar Kata-kata di Atas Kertas

Ingatkah Anda dengan Bab 12, saat kita membahas bagaimana filsafat kontinental mengajak kita untuk melihat dunia dengan cara yang berbeda? Kita tidak lagi hanya percaya begitu saja pada akal budi atau kemajuan. Kita mempertanyakan pengalaman kita, mencurigai bahasa, dan menyadari bahwa kekuasaan ada di mana-mana.

Nah, Bab 13 ini akan membawa kita selangkah lebih maju. Kita akan berkenalan dengan dua "alat" penting dalam filsafat kontinental: hermeneutika dan teori kritis.

Bayangkan hermeneutika sebagai kacamata yang membantu kita melihat makna yang tersembunyi. Bukan hanya makna dalam buku atau puisi, tetapi juga makna dalam percakapan sehari-hari, peristiwa sejarah, budaya, bahkan diri kita sendiri. Hermeneutika mengajarkan kita bahwa memahami itu tidak pernah sederhana. Memahami itu proses yang rumit, seperti menyusun puzzle yang potongan-potongannya tidak selalu pas.

Sementara itu, teori kritis bisa kita bayangkan sebagai senter yang menyoroti sudut-sudut gelap masyarakat. Senter ini membantu kita melihat ketidakadilan, penindasan, dan hal-hal yang sengaja disembunyikan dari pandangan kita. Teori kritis tidak hanya ingin memahami dunia, tetapi juga ingin mengubahnya menjadi lebih baik.

Jadi, siapkah Anda memakai kacamata hermeneutika dan menggenggam senter teori kritis? Mari kita mulai petualangan kita!

13.1 Hermeneutika: Seni Memahami

Pernahkah Anda salah paham dengan teman, atau bingung membaca berita di media sosial? Atau, pernahkah Anda merasa tidak nyambung saat berbicara dengan orang dari budaya yang berbeda?

Jika ya, Anda sudah merasakan apa yang diperjuangkan oleh hermeneutika.

Hermeneutika itu seperti seni memahami. Awalnya, hermeneutika dipakai untuk menafsirkan kitab suci. Bayangkan, bagaimana caranya memahami pesan Tuhan yang tertulis dalam bahasa kuno, ribuan tahun yang lalu? Tentu tidak mudah, bukan?

Dari Kitab Suci ke Kehidupan Sehari-hari

Namun, hermeneutika tidak hanya tentang kitab suci. Beberapa pemikir (seperti Schleiermacher dan Dilthey) mulai menyadari bahwa memahami itu penting dalam semua aspek kehidupan. Setiap kali kita berinteraksi dengan orang lain, membaca buku, menonton film, atau mendengarkan musik, kita sedang berusaha memahami (Ricœur & Pellauer, 2013).

- **Schleiermacher** berpikir bahwa memahami itu seperti masuk ke dalam pikiran penulis atau pembicara. Kita harus mencoba merekonstruksi apa yang ada dalam pikiran mereka saat mereka menulis atau berbicara.
- **Dilthey** tidak setuju. Menurutnya, memahami itu lebih dari sekadar menebak isi pikiran. Memahami itu berarti menghubungkan apa yang kita baca atau dengar dengan pengalaman hidup kita sendiri.

Heidegger: Memahami Itu Cara Kita Hidup

Kemudian, datanglah seorang filsuf bernama Martin Heidegger (jangan khawatir, kita tidak akan terlalu dalam membahas pemikirannya yang rumit!). Heidegger mengubah cara pandang kita tentang hermeneutika.

Bagi Heidegger, memahami itu bukan hanya kegiatan sesekali yang kita lakukan saat kita membaca buku atau berbicara dengan orang lain. Memahami itu adalah cara kita hidup. Kita selalu sudah berada dalam pemahaman. Sebelum kita mulai berpikir tentang sesuatu, kita sudah memiliki semacam pemahaman awal tentang dunia (Anam, 2025a).

Contohnya begini. Sebelum Anda membaca buku filsafat ini, Anda pasti sudah punya beberapa gagasan tentang apa itu filsafat, apa itu kebenaran, apa itu keadilan, dan sebagainya. Gagasan-gagasan ini mungkin tidak jelas, mungkin berasal dari orang tua, teman, guru, media, atau pengalaman Anda sendiri. Tapi, yang penting, gagasan-gagasan ini membentuk cara Anda memahami buku ini.

Inilah yang disebut Heidegger sebagai pra-pemahaman. Pra-pemahaman itu seperti kacamata yang selalu kita pakai. Kita tidak bisa melepaskannya, tetapi kita bisa menjadi sadar akan keberadaannya (Dostal, 2021).

Gadamer: Berdialog dengan Masa Lalu

Setelah Heidegger, ada seorang filsuf lain bernama Hans-Georg Gadamer yang mengembangkan hermeneutika lebih lanjut. Gadamer setuju dengan Heidegger bahwa pemahaman itu bukan hanya soal metode, tetapi soal cara kita berada di dunia (Dostal, 2021).

Gadamer mengatakan bahwa setiap kali kita berusaha memahami sesuatu, kita selalu membawa prasangka kita sendiri. Prasangka ini bukan sesuatu yang buruk. Prasangka adalah semua keyakinan, nilai, asumsi, dan pengalaman yang telah membentuk kita sepanjang hidup (Dostal, 2021).

Bayangkan Anda sedang membaca novel tentang perang. Jika Anda pernah mengalami perang secara langsung, atau jika Anda memiliki keluarga yang pernah menjadi korban perang, pasti Anda akan membaca novel itu dengan cara yang berbeda dibandingkan dengan orang yang tidak pernah mengalami perang.

Gadamer mengatakan bahwa pemahaman itu terjadi ketika prasangka kita bertemu dengan sesuatu yang lain – bisa berupa teks, karya seni, peristiwa sejarah, atau orang lain. Ia menyebutnya sebagai fusi horizon. Horizon itu seperti batas pandang kita. Setiap orang memiliki horizon yang berbeda, tergantung pada latar belakang, pengalaman, dan pengetahuan mereka (Dostal, 2021).

Ketika dua horizon bertemu, terjadilah dialog. Kita tidak hanya mencoba memahami apa yang dikatakan oleh teks atau orang lain, tetapi kita juga mempertanyakan prasangka kita sendiri. Kita mungkin mengubah pandangan kita, atau mungkin memperdalam pemahaman kita tentang diri sendiri (Dostal, 2021).

Ricoeur: Kita Adalah Cerita yang Kita Ceritakan

Filsuf Prancis bernama Paul Ricoeur menambahkan dimensi baru pada hermeneutika. Ia mengatakan bahwa manusia adalah makhluk pencerita. Kita memahami diri kita sendiri dan dunia melalui cerita (Ricœur & Pellauer, 2013).

- Coba pikirkan: Bagaimana Anda menjelaskan siapa diri Anda kepada orang lain? Pasti Anda akan bercerita, bukan? Anda akan bercerita tentang masa lalu Anda, keluarga Anda, teman-teman Anda, cita-cita Anda, dan sebagainya.

Ricoeur mengatakan bahwa cerita-cerita ini membentuk identitas kita. Kita bukan hanya sekadar kumpulan fakta (nama, tanggal lahir, pekerjaan, dll.). Kita adalah cerita yang terus-menerus kita tulis ulang (Ricœur & Pellauer, 2013).

13.2 Teori Kritis: Menyalakan Senter di Sudut Gelap

Sekarang, mari kita beralih ke teori kritis. Seperti yang sudah saya sebutkan di awal, teori kritis itu seperti senter yang menyoroti ketidakadilan dan penindasan dalam masyarakat.

Teori kritis berakar pada pemikiran Karl Marx. Marx percaya bahwa masyarakat terbagi menjadi kelas-kelas yang saling bertentangan: kelas borjuis (pemilik modal) dan kelas proletar (pekerja). Kelas borjuis menguasai alat-alat produksi (pabrik, tanah, dll.) dan memeras tenaga kerja dari kelas proletar (Geuss, 1981).

Marx mengatakan bahwa kelas borjuis tidak hanya menguasai ekonomi, tetapi juga menguasai ideologi. Ideologi itu seperti kacamata yang membuat kita melihat dunia dengan cara yang salah. Ideologi menyembunyikan ketidakadilan dan membuat kita menerima keadaan apa adanya (Geuss, 1981).

Misalnya, ideologi bisa membuat kita percaya bahwa orang kaya itu kaya karena mereka pintar dan bekerja keras, padahal mungkin kekayaan mereka berasal dari warisan atau eksploitasi (Geuss, 1981).

Mazhab Frankfurt: Mengkritik Budaya Massa

Sekelompok pemikir yang dikenal sebagai Mazhab Frankfurt (Adorno, Horkheimer, Marcuse) mengembangkan pemikiran Marx lebih lanjut. Mereka tidak hanya mengkritik ekonomi kapitalis, tetapi juga mengkritik budaya massa (Wiggershaus, 2007).

Mereka berpendapat bahwa hiburan modern (film, musik, televisi, dll.) bukan hanya sekadar hiburan. Hiburan ini adalah bagian dari industri budaya yang bertujuan untuk membuat kita pasif, konsumtif, dan tidak kritis (Wiggershaus, 2007).

- Bayangkan Anda sedang menonton sinetron di televisi. Sinetron itu mungkin terlihat menghibur, tetapi sebenarnya sinetron itu sedang menanamkan nilai-nilai tertentu dalam pikiran Anda: nilai-nilai tentang kecantikan, kekayaan, kesuksesan, dan sebagainya. Nilai-nilai ini mungkin tidak sesuai dengan kenyataan, atau mungkin justru memperkuat ketidakadilan yang ada.

Mazhab Frankfurt mengatakan bahwa kita harus kritis terhadap budaya massa. Kita tidak boleh menelan mentah-mentah semua yang disajikan kepada kita. Kita harus bertanya: Siapa yang membuat pesan ini? Apa tujuan mereka? Apakah pesan ini benar-benar bermanfaat bagi kita, atau justru merugikan kita?

Habermas: Berbicara, Berdebat, Mencari Kesepakatan

Jürgen Habermas, seorang filsuf Jerman, mengembangkan teori kritis dengan cara yang berbeda. Ia setuju bahwa masyarakat modern penuh dengan masalah, tetapi ia tidak sepesimis Mazhab Frankfurt (Habermas, 2025).

Habermas percaya bahwa kita masih bisa memperbaiki masyarakat melalui komunikasi. Ia mengatakan bahwa kita harus berusaha untuk mencapai saling pengertian melalui dialog yang jujur dan terbuka (Habermas, 2025).

- Bayangkan Anda sedang berdebat dengan teman Anda tentang isu politik. Jika Anda berdua hanya berteriak-teriak dan saling menyalahkan, tidak akan ada penyelesaian. Tetapi, jika Anda berdua bersedia mendengarkan satu sama lain, mengajukan pertanyaan, dan mencari titik temu, mungkin Anda bisa mencapai pemahaman yang lebih baik, bahkan mungkin mencapai kesepakatan.

Habermas mengatakan bahwa inilah yang seharusnya terjadi dalam masyarakat. Kita harus menciptakan ruang publik di mana semua orang bisa berpartisipasi dalam perdebatan tentang isu-isu penting. Ruang publik ini harus bebas dari paksaan dan manipulasi (Habermas, 2025).

13.3 Hermeneutika dan Teori Kritis: Apa Gunanya Bagi Kita?

Mungkin Anda bertanya-tanya, "Apa gunanya semua teori ini bagi saya?"

Hermeneutika dan teori kritis bisa membantu kita dalam banyak hal:

- **Memahami Berita:** Ketika kita membaca atau menonton berita, kita tidak hanya menerima informasi secara pasif. Kita bisa menggunakan hermeneutika untuk mempertanyakan: Siapa yang menulis berita ini? Apa sudut pandang mereka? Apakah ada informasi yang disembunyikan atau dilebih-lebihkan? Kita bisa menggunakan teori kritis untuk mempertanyakan: Apakah berita ini melayani kepentingan kelompok tertentu? Apakah berita ini mempromosikan nilai-nilai yang adil dan setara?

- **Memahami Konflik:** Ketika kita berkonflik dengan orang lain, kita bisa menggunakan hermeneutika untuk mencoba memahami perspektif mereka. Apa yang membuat mereka berpikir atau bertindak seperti itu? Apa latar belakang mereka? Kita bisa menggunakan teori kritis untuk melihat apakah ada ketidakseimbangan kekuasaan yang berperan dalam konflik tersebut.
- **Memahami Diri Sendiri:** Kita bisa menggunakan hermeneutika untuk merenungkan pengalaman kita sendiri. Cerita apa yang kita ceritakan tentang diri kita sendiri? Apakah cerita itu membantu kita bertumbuh, atau justru menghambat kita?
- **Membangun Dunia yang Lebih Baik:** Kita bisa menggunakan teori kritis untuk mengidentifikasi masalah-masalah dalam masyarakat dan memikirkan cara-cara untuk mengatasinya. Bagaimana kita bisa menciptakan masyarakat yang lebih adil, lebih setara, dan lebih berkelanjutan?

Penutup: Filsafat untuk Kehidupan Sehari-hari

Hermeneutika dan teori kritis mungkin terdengar rumit, tetapi sebenarnya keduanya sangat relevan dengan kehidupan kita sehari-hari. Keduanya mengajak kita untuk menjadi pemikir yang lebih kritis, pembaca yang lebih cermat, dan warga negara yang lebih aktif (Aho, 2020).

Di era digital ini, di mana kita dihujani oleh informasi dari berbagai sumber, kemampuan untuk memahami dan mengkritik sangatlah penting. Hermeneutika dan teori kritis memberi kita alat untuk menavigasi dunia yang semakin kompleks ini. Jadi, jangan takut untuk memakai kacamata hermeneutika dan menyalakan senter teori kritis. Siapa tahu, Anda akan menemukan sesuatu yang tidak pernah Anda duga sebelumnya!

Istilah Kunci:

- **Hermeneutika:** Awalnya, seni menafsirkan teks (terutama kitab suci). Dalam filsafat kontemporer, hermeneutika dipahami sebagai teori tentang pemahaman secara umum – bagaimana kita memahami teks, peristiwa, orang lain, dan bahkan diri kita sendiri.
- **Lingkaran Hermeneutik:** Gagasan bahwa pemahaman kita tentang keseluruhan teks (atau fenomena) dibentuk oleh pemahaman kita tentang bagian-bagiannya, dan sebaliknya. Pemahaman adalah proses sirkular dan terus-menerus berkembang.
- **Pra-pemahaman:** Pemahaman awal atau kerangka interpretasi yang selalu kita bawa dalam setiap upaya pemahaman. Pra-pemahaman ini dibentuk oleh pengalaman, budaya, bahasa, dan prasangka kita.
- **Fusi Horizon:** Proses di mana horizon pemahaman kita (yaitu, semua yang kita ketahui dan yakini) bertemu dan menyatu dengan horizon pemahaman orang lain atau teks lain. Ini adalah proses dialogis di mana pemahaman baru muncul.
- **Sejarah Pengaruh (History of Effect/Wirkungsgeschichte):** Gagasan bahwa teks (atau karya seni, peristiwa sejarah, dll.) memiliki sejarah pengaruhnya sendiri, yang membentuk cara kita memahaminya di masa kini. Kita tidak pernah dapat memahami teks secara "objektif", terlepas dari sejarah pengaruhnya.
- **Ideologi:** Sistem ide, keyakinan, dan nilai yang membentuk cara kita memandang dunia dan seringkali melayani kepentingan kelompok tertentu. Ideologi dapat menyesatkan kita dan menyembunyikan hubungan kekuasaan yang tidak adil.
- **Kritik Ideologi:** Upaya untuk mengungkap dan menantang ideologi-ideologi yang menindas atau mempertahankan status quo yang tidak adil.
- **Rasionalitas Instrumental:** Cara berpikir yang hanya berfokus pada efisiensi dan pencapaian tujuan, tanpa mempertimbangkan nilai-nilai atau konsekuensi etis.
- **Industri Budaya:** Istilah yang digunakan oleh Mazhab Frankfurt untuk menggambarkan produksi massal budaya populer (film, musik, televisi, dll.) yang dianggap membuat masyarakat pasif dan konsumtif.

- **Tindakan Komunikatif:** Tindakan yang berorientasi pada pencapaian saling pengertian melalui bahasa dan dialog.
- **Rasionalitas Komunikatif:** Kemampuan untuk mencapai konsensus yang rasional melalui diskusi yang bebas dari paksaan dan distorsi.
- **Ruang Publik (Public Sphere):** Ruang (fisik atau virtual) di mana warga negara dapat berdiskusi secara bebas dan rasional tentang isu-isu kepentingan bersama, dan membentuk opini publik.

Bacaan Lebih Lanjut:

- **(Buku Pengantar):**
    - Grondin, J. (2016). Introduction to philosophical hermeneutics. Yale University Press. (Pengantar yang baik untuk hermeneutika filosofis)
    - Borradori, G. (2003). Philosophy in a time of terror: Dialogues with Jürgen Habermas and Jacques Derrida. University of Chicago Press. (Wawancara dengan Habermas dan Derrida, membahas isu-isu kontemporer)
    - Held, D. (1980). Introduction to critical theory: Horkheimer to Habermas. University of California Press. (Pengantar yang cukup komprehensif tentang Teori Kritis)
    - Eagleton, T. (1996). Literary theory: An introduction (2nd ed.). Blackwell Publishing. (Pengantar yang baik untuk teori sastra, termasuk hermeneutika dan teori kritis)
    - Palmer, R. E. (1969). Hermeneutics: Interpretation theory in Schleiermacher, Dilthey, Heidegger, and Gadamer. Northwestern University Press.
    - Outhwaite, W. (1985). Habermas: Key concepts. Polity Press.
    - Bronner, S. E. (2011). Critical theory: A very short introduction. Oxford University Press.

- **Karya Klasik (dengan terjemahan yang mudah diakses):**
  - Gadamer, H.-G. (2004). Truth and method. Continuum. (Karya utama Gadamer, tetapi sangat sulit; cari ringkasan atau pengantar terlebih dahulu)
  - Habermas, J. (1984). The theory of communicative action (Vol. 1 & 2). Beacon Press. (Juga sangat sulit; cari ringkasan atau pengantar terlebih dahulu)
  - Horkheimer, M., & Adorno, T. W. (2002). Dialectic of enlightenment. Stanford University Press. (Karya klasik dari Mazhab Frankfurt)
  - Marcuse, H. (1991). One-dimensional man: Studies in the ideology of advanced industrial society. Beacon Press. (Kritik terhadap masyarakat modern)
- **Sumber Indonesia:**
  - Hardiman, F. B. (2003). Filsafat Fragmentaris.
  - Hardiman, F. B. (2009). Humanisme dan Sesudahnya: Menjelajahi "Kematian Humanisme" dan "Anti-Humanisme" dalam Rangka Usaha Mencari Humanisme Baru.
  - Hardiman, F. B. (2015). Seni Memahami: Hermeneutik dari Schleiermacher sampai Derrida.

Pertanyaan Ulasan:

1. **Hermeneutika:**
   - Jelaskan dengan bahasa Anda sendiri apa itu hermeneutika. Apa bedanya dengan sekadar membaca atau mendengarkan?
   - Mengapa Heidegger menganggap pemahaman sebagai cara manusia berada di dunia, bukan hanya metode untuk menafsirkan teks?
   - Apa yang dimaksud dengan lingkaran hermeneutik? Berikan contoh dari kehidupan sehari-hari.
   - Menurut Gadamer, mengapa prasangka tidak selalu buruk dalam proses pemahaman?

- Apa yang dimaksud dengan fusi horizon? Berikan contoh bagaimana fusi horizon dapat terjadi ketika Anda membaca buku, menonton film, atau berbicara dengan orang dari budaya yang berbeda.
- Bagaimana cerita atau narasi membentuk pemahaman kita tentang diri kita sendiri dan dunia? (Hubungkan dengan hermeneutika naratif Ricoeur).

2. **Teori Kritis:**
   - Apa yang dimaksud dengan ideologi dalam pemikiran Marx? Berikan contoh ideologi yang beroperasi dalam masyarakat kita saat ini.
   - Apa yang dikritik oleh Mazhab Frankfurt tentang masyarakat modern? Apakah kritik mereka masih relevan dengan keadaan sekarang?
   - Jelaskan perbedaan antara rasionalitas instrumental dan rasionalitas komunikatif menurut Habermas. Berikan contoh penerapan kedua jenis rasionalitas ini dalam kehidupan sehari-hari.
   - Apa yang dimaksud dengan ruang publik menurut Habermas? Mengapa ruang publik yang sehat penting bagi demokrasi? Apakah media sosial dapat menjadi ruang publik yang ideal?
3. **Hermeneutika, Teori Kritis, dan Kehidupan Kita:**
   - Bagaimana hermeneutika dapat membantu kita memahami berita atau informasi yang kita terima dari media sosial? Berikan contoh konkret.
   - Bagaimana teori kritis dapat membantu kita melihat ketidakadilan atau penindasan yang mungkin tersembunyi dalam masyarakat kita? Berikan contoh.
   - Menurut Anda, apakah hermeneutika dan teori kritis relevan bagi kehidupan Anda sebagai mahasiswa? Mengapa ya, atau mengapa tidak?

BAB 14: MENJELAJAHI KEBERADAAN: SEBUAH PERJALANAN TANPA AKHIR

Perjalanan kita dalam buku ajar pengantar filsafat ini hampir mencapai akhirnya. Namun, filsafat itu sendiri tidak pernah benar-benar berakhir. Ia adalah perjalanan yang terus-menerus, pencarian yang tak kenal lelah, dialog yang tak kunjung usai. Seperti mendaki gunung, kita mungkin telah mencapai puncak yang satu, tetapi selalu ada puncak-puncak lain yang menanti untuk didaki.

A. Rangkuman: Kembali ke Pertanyaan Awal

Mari kita menengok kembali jalan yang telah kita tempuh. Ingatkah Anda pertanyaan-pertanyaan yang menggelitik pikiran Anda sebelum memulai perjalanan ini? Mungkin Anda bertanya-tanya: Apa itu filsafat? Apa gunanya bagi kehidupan saya yang sibuk dan penuh dengan tuntutan praktis? Apakah filsafat hanya untuk para pemikir di menara gading?

Kita telah melihat bahwa filsafat jauh lebih dekat dengan kehidupan kita daripada yang mungkin kita kira. Filsafat bukan hanya kumpulan teori-teori abstrak, tetapi juga cara berpikir, cara bertanya, cara hidup. Filsafat mengajak kita untuk berpikir kritis, mempertanyakan asumsi, mengevaluasi argumen, dan mencari makna dalam segala sesuatu yang kita lakukan.

Kita telah menjelajahi berbagai metode dalam filsafat, dari analisis konseptual yang menyelidiki makna kata-kata, hingga refleksi fenomenologis yang menggambarkan pengalaman kita apa adanya. Kita telah berkenalan dengan para pemikir besar dari berbagai zaman dan tradisi, dari Yunani Kuno hingga dunia kontemporer, dari Barat hingga Timur. Kita telah melihat bagaimana mereka bergulat dengan pertanyaan-pertanyaan mendasar tentang realitas, pengetahuan, nilai, etika, estetika, dan keberadaan manusia.

Kita telah belajar bahwa tidak ada jawaban tunggal yang pasti untuk pertanyaan-pertanyaan filosofis. Setiap jawaban membuka pertanyaan-pertanyaan baru. Setiap pemahaman menyingkap lapisan-

lapisan kompleksitas yang lebih dalam. Inilah sifat dari perjalanan filosofis: ia tidak pernah benar-benar selesai.

Kita telah melihat bagaimana filsafat dapat membantu kita memahami berbagai aspek kehidupan:

- **Bab 1:** Kita membongkar mitos-mitos tentang filsafat dan melihat bahwa filsafat adalah aktivitas yang relevan bagi setiap orang.
- **Bab 2:** Kita belajar tentang berpikir kritis, alat yang sangat penting untuk menavigasi dunia yang penuh dengan informasi (dan misinformasi).
- **Bab 3:** Kita memperluas wawasan kita dengan menjelajahi pemikiran filosofis dari berbagai tradisi di seluruh dunia.
- **Bab 4:** Kita menelusuri akar filsafat Barat di Yunani Kuno, melihat bagaimana para pemikir Pra-Socrates, Socrates, Plato, dan Aristoteles meletakkan dasar bagi pemikiran kita saat ini.
- **Bab 5:** Kita mempelajari logika dan penalaran, alat-alat yang membantu kita membangun argumen yang kuat dan menghindari kesalahan berpikir.
- **Bab 6:** Kita menggali pertanyaan-pertanyaan metafisika yang paling mendasar tentang hakikat realitas, keberadaan, diri, Tuhan, dan kehendak bebas.
- **Bab 7:** Kita mempertanyakan pengetahuan itu sendiri, menjelajahi sumber-sumber pengetahuan, batas-batas pengetahuan, dan cara kita memperoleh pengetahuan.
- **Bab 8:** Kita merenungkan nilai-nilai yang membimbing hidup kita, mempertanyakan apa yang berharga, apa yang baik, dan apa yang indah.
- **Bab 9:** Kita membahas etika, prinsip-prinsip moral yang membimbing tindakan kita, dan menerapkannya pada berbagai isu kontemporer.
- **Bab 10:** Kita menjelajahi estetika, mencoba memahami hakikat keindahan, fungsi seni, dan makna pengalaman estetis.
- **Bab 11:** Kita melihat bagaimana filsafat modern menggeser fokus dari otoritas ke akal budi dan pengalaman individu, dan melahirkan berbagai aliran pemikiran, seperti rasionalisme, empirisme, dan idealisme.

- **Bab 12:** Kita menyelami filsafat kontemporer, yang mengkritik asumsi-asumsi modern, menjelajahi bahasa, kekuasaan, dan pengalaman, serta menawarkan cara-cara baru untuk memahami dunia yang terus berubah.
- **Bab 13:** Mempelajari Hermeneutika dan Teori Kritis.

Namun, perjalanan ini bukan hanya tentang mengumpulkan informasi atau menghafal teori. Filsafat lebih dari itu. Filsafat adalah tentang mengembangkan cara berpikir yang kritis, reflektif, dan mandiri. Filsafat adalah tentang menjadi pencari kebenaran yang tak kenal lelah, yang selalu siap untuk mempertanyakan segala sesuatu, termasuk diri sendiri.

B. Refleksi Pribadi: Menemukan Jalan Sendiri dalam Kegelapan

Sekarang, luangkan waktu sejenak untuk merenungkan perjalanan filosofis Anda sendiri.

- Konsep atau pemikiran apa yang paling berkesan bagi Anda? Mengapa?
- Pertanyaan-pertanyaan baru apa yang muncul dalam pikiran Anda? Apakah ada pertanyaan yang sebelumnya tidak pernah Anda pikirkan?
- Apakah cara pandang Anda tentang dunia, diri sendiri, atau orang lain berubah setelah belajar filsafat? Jika ya, bagaimana?
- Apakah Anda merasa lebih mampu untuk berpikir kritis, mengevaluasi argumen, dan membuat keputusan yang lebih baik?
- Apakah Anda merasa lebih terhubung dengan pertanyaan-pertanyaan mendasar tentang keberadaan dan makna hidup?
- Bagaimana Anda dapat menerapkan pemikiran filosofis dalam kehidupan Anda sehari-hari?
- Apakah Anda merasa lebih bebas, lebih bertanggung jawab, atau justru lebih cemas setelah belajar filsafat?
- Jalan apa yang ingin Anda tempuh selanjutnya dalam perjalanan filosofis Anda?

Tidak ada jawaban yang benar atau salah untuk pertanyaan-pertanyaan ini. Jawablah dengan jujur dan terbuka. Renungkan pengalaman Anda sendiri. Biarkan pertanyaan-pertanyaan ini membimbing Anda dalam pencarian makna yang terus-menerus.

C. Tantangan Masa Depan: Filsafat di Era Digital yang Penuh Paradox

Kita hidup di era digital, di mana teknologi telah mengubah hampir semua aspek kehidupan kita. Media sosial, kecerdasan buatan, rekayasa genetika, realitas virtual – semua ini menghadirkan tantangan-tantangan baru yang belum pernah kita hadapi sebelumnya.

- Bagaimana kita bisa memastikan bahwa teknologi digunakan untuk kebaikan, bukan untuk kejahatan?
- Bagaimana kita bisa melindungi privasi dan kebebasan kita di dunia yang semakin terhubung?
- Bagaimana kita bisa membedakan fakta dari hoaks, kebenaran dari manipulasi, di era informasi yang berlimpah?
- Bagaimana kita bisa menjaga hubungan yang otentik dengan orang lain di tengah budaya media sosial yang seringkali dangkal?
- Bagaimana kita bisa tetap berpikir kritis dan mandiri di tengah tekanan untuk menyesuaikan diri dengan opini mayoritas?
- Bagaimana kita bisa menemukan makna dan tujuan dalam hidup di era digital yang seringkali membuat kita merasa terasing dan kehilangan arah?

Pertanyaan-pertanyaan ini tidak hanya relevan bagi para filsuf, tetapi juga bagi setiap orang yang hidup di abad ke-21. Filsafat dapat membantu kita menghadapi tantangan-tantangan ini dengan memberikan kita alat untuk berpikir kritis, berargumentasi secara logis, mempertanyakan asumsi, dan merenungkan nilai-nilai. Filsafat dapat membantu kita menavigasi kompleksitas dunia modern dan membuat keputusan yang lebih bijaksana.

D. Ajakan untuk Bertindak: Teruslah Bertanya, Teruslah Mencari, Teruslah Hidup!

Filsafat bukanlah sesuatu yang Anda pelajari sekali, lalu Anda lupakan. Filsafat adalah cara hidup. Ia adalah perjalanan yang tidak pernah berakhir. Selalu ada pertanyaan baru yang muncul, perspektif baru yang dapat dijelajahi, dan makna baru yang dapat ditemukan.

Jangan pernah berhenti bertanya. Jangan pernah berhenti meragukan. Jangan pernah berhenti mencari.

- Bacalah buku-buku filsafat. Ikutilah perkuliahan atau diskusi. Tontonlah film-film yang menginspirasi. Berbicaralah dengan orang-orang yang memiliki pandangan yang berbeda dari Anda.
- Terapkan pemikiran filosofis dalam kehidupan Anda sehari-hari. Buatlah keputusan-keputusan yang lebih bijaksana. Bertindaklah dengan lebih bertanggung jawab. Jadilah warga negara yang lebih aktif dan kritis.
- Bagikan pemikiran Anda dengan orang lain. Tulislah esai, buatlah blog, ikutlah debat, atau sekadar berbincang dengan teman.
- Jangan takut untuk mengubah pikiran Anda. Filsafat bukan tentang menemukan jawaban yang pasti, tetapi tentang terus-menerus belajar dan berkembang.

Ingatlah bahwa Anda tidak sendirian dalam perjalanan ini. Ada banyak orang di seluruh dunia, dari berbagai zaman dan tradisi, yang telah dan sedang bergulat dengan pertanyaan-pertanyaan yang sama. Belajarlah dari mereka, berdialoglah dengan mereka, dan temukan jalan Anda sendiri.

- Teruslah bertanya. Teruslah mencari. Teruslah hidup. Dan jangan pernah lupakan: keberadaan itu sendiri adalah sebuah keajaiban yang layak untuk direnungkan.

Pengantar Filsafat yang Lebih Lanjut:

- Nagel, Thomas. What Does It All Mean? A Very Short Introduction to Philosophy. (Terjemahan Bahasa Indonesia mungkin ada). Ini sangat direkomendasikan sebagai langkah selanjutnya setelah buku ajar ini. Nagel membahas pertanyaan-pertanyaan filosofis yang paling mendasar dengan bahasa yang sangat sederhana dan jelas.
- Warburton, Nigel. Philosophy: The Basics. (Juga sangat bagus sebagai pengantar, mencakup berbagai topik dengan ringkas).
- Blackburn, Simon. Think: A Compelling Introduction to Philosophy. (Sedikit lebih menantang dari Nagel dan Warburton, tetapi tetap terjangkau).
- Hadi, Hardono, P. 1994. Epistemologi: Filsafat Pengetahuan.
- Rapar, J.H. 1996. Pengantar Filsafat.
- Tjahjadi, S.P. Lili. 2004. Hukum Moral: Ajaran Immanuel Kant tentang Etika dan Imperatif Kategoris.
- Tafsir, A. (2009). Filsafat Umum: Akal dan Hati Sejak Thales sampai James.

Karya-Karya Klasik (dengan terjemahan dan edisi yang direkomendasikan):

- Plato. Apology (Pembelaan Socrates). (Banyak terjemahan, cari yang dilengkapi dengan catatan penjelasan). Ini adalah teks yang sangat penting untuk memahami sikap Socrates terhadap filsafat dan kehidupan.
- Descartes, René. Discourse on the Method (Uraian tentang Metode). (Ini lebih pendek dan lebih mudah diakses daripada Meditations).
- Kant, Immanuel. Prolegomena to Any Future Metaphysics (Pengantar ke Metafisika Masa Depan). (Ini adalah versi ringkas dari Critique of Pure Reason, yang sangat sulit).
- Camus, Albert. The Myth of Sisyphus (Mitos Sisifus). (Ini adalah esai yang relatif pendek dan sangat kuat tentang absurditas).
- Sartre, Jean-Paul. Existentialism Is a Humanism (Eksistensialisme adalah Humanisme). (Ini adalah pengantar yang baik untuk pemikiran Sartre).

- **Buku-Buku tentang Topik Spesifik:**

  - **Hermeneutika:**
    - Grondin, J. (2016). Introduction to philosophical hermeneutics. Yale University Press.
    - Palmer, R. E. (1969). Hermeneutics: Interpretation theory in Schleiermacher, Dilthey, Heidegger, and Gadamer. Northwestern University[1] Press.[2]
    -

- **Teori Kritis:**

  - Bronner, S. E. (2011). Critical theory: A very short introduction. Oxford University Press.
  - Held, D. (1980). Introduction to critical theory: Horkheimer to Habermas. University of California Press.

- **Filsafat Cina:**

  - Fung, Y. L. (1997). A short history of Chinese philosophy (D. Bodde, Ed.). The Free Press.
  - Ivanhoe, P. J., & Van Norden, B. W. (Eds.). (2001). Readings in classical Chinese philosophy (2nd ed.). Hackett Publishing Company.
  - Lao Tzu. Tao Te Ching. (Banyak terjemahan, cari yang dilengkapi dengan komentar dan penjelasan).
  - Zhuangzi. The Complete Works of Zhuangzi (terjemahan Burton Watson).

- **Filsafat India:**

  - Radhakrishnan, S. (1929). Indian philosophy (Vols. 1-2). George Allen & Unwin.
  - Sharma, C. (2000). A critical survey of Indian philosophy. Motilal Banarsidass.

- **Filsafat Islam:**

- Corbin, H. (1993). History of Islamic philosophy. Kegan Paul International.

Daftar Pustaka

Adamson, P., Ganeri, J., & Adamson, P. (2022). *Classical indian philosophy* (Paperback edition). Oxford University Press.

Ahbel-Rappe, S., & Kamtekar, R. (Eds.). (2005). *A Companion to Socrates*. Blackwell Publishing Ltd. https://doi.org/10.1002/9780470996218

Aho, K. (2020). *Existentialism: An introduction* (Second edition). Polity.

Allen, B. (2021). *Empiricisms: Experience and experiment from antiquity to the anthropocene*. Oxford university press.

Anam, R. K. (2025a). *Filsafat Teknologi Martin Heidegger Membongkar Gestell, Menemukan Ereignis*. EL-MARKAZI. https://elmarkazistore.com/filsafat-teknologi-martin-heidegger-membongkar-gestell-menemukan-ereignis/

Anam, R. K. (2025b). *The Abyss And The Ascent: Nihilism And The Quest For Meaning In Nietzsche And Heidegger* (1st ed.). Eliva press. https://www.elivapress.com/en/book/book-6108608397/

Anderson, C. S. (2016). Four Noble Truths. In C. S. Anderson, *Oxford Research Encyclopedia of Religion*. Oxford University Press. https://doi.org/10.1093/acrefore/9780199340378.013.180

Appiah, K. A. (2003). *Thinking it through: An introduction to contemporary philosophy*. Oxford university press.

Barnes, J. (Ed.). (1988). *Early greek philosophy* (Reprint). Penguin Books.

Belvalkar, S. K. (2006). *Shree Gopal Basu Mallik lectures on Vedānta philosophy: Delivered December, 1925*. Jain Pub. Co.

Brickhouse, T. C., & Smith, N. D. (2004). *Routledge Philosophy GuideBook to Plato and the Trial of Socrates* (0 ed.). Routledge. https://doi.org/10.4324/9780203645963

Cahn, S. M., Ross, S., & Shapshay, S. (Eds.). (2020). *Aesthetics: A comprehensive anthology* (Second edition). Wiley Blackwell.

Cohen, S. M., Curd, P., & Reeve, C. (2016). *Readings in ancient Greek philosophy: From Thales to Aristotle*. Hackett Publishing.

Corbin, H. (2014). *History Of Islamic Philosophy* (0 ed.). Routledge. https://doi.org/10.4324/9780203870082

Dancy, J., Sosa, E., & Steup, M. (Eds.). (2010). *A Companion to Epistemology* (1st ed.). Wiley. https://doi.org/10.1002/9781444315080

De George, R. T. (2003). *The ethics of information technology and business*. Blackwell Pub.

Deleuze, G. (1991). The Conditions of the Question: What Is Philosophy? (D. W. Smith, Trans.). *Critical Inquiry*, 17(3), 471–478. https://doi.org/10.1086/448593

Dohn, N. B. (2018). 'Philosophizing with'. *Communication & Language at Work*, 5(1), 3–17. https://doi.org/10.7146/claw.v5i1.108096

Dostal, R. J. (Ed.). (2021). *The Cambridge companion to Gadamer* (Second edition). Cambridge University Press.

Ernst, C. W. (2011). *Sufism: An introduction to the mystical tradition of Islam*. Shambhala.

Faḫrī, M. (2004). *A history of Islamic philosophy* (3. ed). Columbia University Press.

Ferguson, A. S. (1922). Plato's Simile of Light. Part II. The Allegory of the Cave (Continued). *The Classical Quarterly*, 16(1), 15–28. JSTOR. http://www.jstor.org/stable/636164

Fung, Y. (with Bodde, D.). (1997). *A Short History of Chinese Philosophy*. Free Press.

George, L. S., & Park, C. L. (2017). The Multidimensional Existential Meaning Scale: A tripartite approach to measuring meaning in life. *The Journal of Positive Psychology*, 12(6), 613–627. https://doi.org/10.1080/17439760.2016.1209546

Geuss, R. (1981). *The idea of a critical theory: Habermas and the Frankfurt school*. Cambridge University Press.

Goranko, V. (2016). *Logic as a tool: A guide to formal logical reasoning*. John Wiley & Sons.

Greco, J. (Ed.). (2011). *The Oxford handbook of skepticism* (First issued as an Oxford University Press paperback). Oxford Univ. Press.

Gupta, A. (2006). *Empiricism and experience*. Oxford University Press.

Guthrie, W. K. C. (2000). *A history of Greek philosophy. 1: The earlier Presocratics and the Pythagoreans* (Repr). Cambridge Univ. Press.

Guyer, P. (2006). *The Cambridge companion to Kant and modern philosophy*. Cambridge University press.

Habermas, J. (2025). *Things needed to get better: Conversations with Stefan Müller-Doohm and Roman Yos* (W. Hoban, Trans.). Polity.

Hall, D. (1980). Interpreting Plato's cave as an allegory of the human condition. *Apeiron*, 14(2), 74.

Handoyo, P. E. (2011). *EXPLORING VALUES An Analytical Study of the Philosophy of Value (Axiology)* (neue Ausg.). Saarbrücken VDM Verlag Dr. Müller 2011.

Harries, K. (2009). *Art Matters* (Vol. 57). Springer Netherlands. https://doi.org/10.1007/978-1-4020-9989-2

Harris, H. S. (2002). *Hegel's development: Toward the sunlight 1770 - 1801* (Reprinted). Oxford Univ. Press.

Heidegger, M. (1994). *Poetry, language, thought* (A. Hofstadter, Ed.; 26. [ed.]). Harper & Row.

Heidegger, M. (2003). *Plato's 'Sophist'* (A. Schuwer, Ed.; R. Rojcewicz, Trans.). Indiana University press.

Howells, C. (2013). *Derrida: Deconstruction from phenomenology to ethics*. Polity Press.

Hughes-Warrington, M., & Martin, A. (2022). *Big and little histories: Sizing up ethics in historiography*. Routledge, Taylor & Francis Group.

HURST, J. F. (2020). *HISTORY OF RATIONALISM*. OUTLOOK VERLAG.

Ingram, P. O. (2006). *Constructing a relational cosmology*. Pickwick Publications.

Inman, R. D. (2024). *What is reality? An introduction to metaphysics*. IVP Academic.

Jones, B. F., & Idol, L. (Eds.). (2013). *Dimensions of Thinking and Cognitive Instruction* (0 ed.). Routledge. https://doi.org/10.4324/9780203771686

Kamii, C. (1991). Toward Autonomy: The Importance of Critical Thinking and Choice Making. *School Psychology Review*, *20*(3), 382–388. https://doi.org/10.1080/02796015.1991.12085561

Kattsoff, L. O. (1953). *Elements of Philosophy*. Ronald Press Company. https://books.google.co.id/books?id=Ug81AAAAIAAJ

Kenny, A. (2021). *A New History of Western Philosophy*.

Koons, R. C., & Pickavance, T. H. (2017). *The atlas of reality: A comprehensive guide to metaphysics*. Wiley Blackwell. https://doi.org/10.1002/9781119116257

Kuhlken, J. (2007). The exemplarities of artworks: Heidegger, Shoes, and Pixar. *Continental Philosophy Review*, *40*(1), 17–30. https://doi.org/10.1007/s11007-007-9048-3

Laruelle, F. (2010). *Philosophies of difference: A critical introduction to non-philosophy*. Continuum.

Leary, M. R., & Tangney, J. P. (Eds.). (2012). *Handbook of self and identity* (2nd ed). Guilford Press.

Levinson, J. (Ed.). (2013). *The Oxford handbook of aesthetics* (1st paperb. ed., Reprint). Oxford Univ. Press.

Levy, N. (2021). *Bad Beliefs: Why They Happen to Good People* (1st ed.). Oxford University PressOxford. https://doi.org/10.1093/oso/9780192895325.001.0001

Magri, E., & McQueen, P. (2022). *Critical phenomenology an introduction*. Polity Press.

Malinetsky, G. G., & Skurlyagin, A. A. (2019). "Hume's Guillotine" in the Interdisciplinary Context. *Russian Journal of Philosophical Sciences*, 12, 7–25. https://doi.org/10.30727/0235-1188-2018-12-7-25

McKenna, M., & Pereboom, D. (2016). *Free Will: A Contemporary Introduction* (1st ed.). Routledge. https://doi.org/10.4324/9781315621548

Metz, T. (2015). *Meaning in life: An analytic study* [Graphic].

Nishihira, T. (with Sevilla-Liu, C., & Sevilla-Liu, A.). (2024). *The Philosophy of No-Mind: Experience Without Self* (1st ed). Bloomsbury Publishing Plc.

Nur Prabowo S., M. & Albar Adetary Hasibuan. (2017). *Pengantar studi etika kontemporer (teoritis dan terapan)* (Cetakan pertama, November 2017.). UB Press.

Parry, J. (2011). *Art and phenomenology* (First edition). Routledge.

Pepper, S. C. (2020). *The Sources of Value* (1st ed). University of California Press.

Radhakrishnan, S. (2004). *Indian philosophy. Vol.* 2 (12. impr). Oxford Univ. Press.

Renjaan, M. J., Purnaweni, H., & Anggoro, D. D. (2013). STUDI KEARIFAN LOKAL SASI KELAPA PADA MASYARAKAT ADAT DI DESA NGILNGOF KABUPATEN MALUKU TENGGARA. *Jurnal Ilmu Lingkungan*, 12(2), 23. https://doi.org/10.14710/jil.11.1.23-29

Ricœur, P., & Pellauer, D. (2013). *Hermeneutics* (English edition). Polity Press.

Ristyantoro, R. (2018). Dibalik Bayang-Bayang Realitas. *Respons: Jurnal Etika Sosial*, 23(02), 259–263.

Roos, M. (2015). *Introduction to Cosmology* (1st ed). John Wiley & Sons, Incorporated.

Ruckstuhl, F. W., & Ruckstuhl, F. W. (1916). What Is the Essence of All Beauty? A Definition. *The Art World*, 1(2), 88. https://doi.org/10.2307/25587672

Sachrowardi, Q., & Basbeth, F. (2013). *Isu dan dilema dalam bioetika* (Cetakan pertama.). Asosiasi Ilmu Forensik Indonesia (AIFI) bekerjasama dengan Universitas YARSI.

Sandler, R. L. (2018). *Environmental ethics: Theory in practice*. Oxford University Press.

Schwitzgebel, E. (2017). 1% Skepticism. *Noûs*, 51(2), 271–290. JSTOR. http://www.jstor.org/stable/26631185

Scruton, R. (2001). *Kant: A very short introduction* (Rev. ed). Oxford Univ. Press.

Sedley, D. N. (Ed.). (2009). *The Cambridge companion to Greek and Roman philosophy* (5. print). Cambridge University Press.

Seeskin, K. (1984). Socratic Philosophy and the Dialogue Form. *Philosophy and Literature*, 8(2), 181–194. https://doi.org/10.1353/phl.1984.0028

Shafer-Landau, R. (Ed.). (2013). *Ethical theory: An anthology* (2. ed). Wiley-Blackwell.

Shand, J. (2014). *Philosophy and philosophers: An introduction to western philosophy*. Routledge.

Sheppard, A. D. R. (1987). *Aesthetics: An introduction to the philosophy of art*. Oxford University Press.

Singleton, J. (2002). Virtue Ethics, Kantian Ethics, and Consequentialism: *Journal of Philosophical Research*, 27, 537–551. https://doi.org/10.5840/jpr_2002_16

Smith, N. D. (2022). *Introduction to philosophy*. OpenStax.

Solomon, R. C. (2010). *The big questions: A short introduction to philosophy* (8th ed). Harcourt College Publishers.

Stebbins, L. (2005). *Student guide to research in the digital age: How to locate and evaluate information sources*. Bloomsbury Publishing USA.

Tähtinen, U. (1976). *Ahiṃsā: Non-violence in Indian tradition*. Rider.

Tartaglia, J. (2016). Is Philosophy All About the Meaning of Life? *Metaphilosophy*, 47(2), 283–303. https://doi.org/10.1111/meta.12176

Taylor, A. E. (1975). *Socrates*. Greenwood Press.

Taylor, C. (1997). *Philosophical arguments*. Harvard University Press.

Turner, D. A. (2014). *This Is Not a Peace Pipe: Towards a Critical Indigenous Philosophy*. University of Toronto Press.
Van Cleave, M. (2016). *Introduction to logic and Critical Thinking*. Matthew J. Van Cleave.
Van Inwagen, P. (2008). How to Think about the Problem of Free Will. *The Journal of Ethics*, 12(3–4), 327–341. https://doi.org/10.1007/s10892-008-9038-7
Van Norden, B. W. (2011). *Introduction to classical Chinese philosophy*. Hackett Publishing.
Venn, C. (2000). *Occidentalism: Modernity and subjectivity*. SAGE Publications.
West, D. (2010). *Continental philosophy: An introduction* (2. ed). Polity.
Wiggershaus, R. (2007). *The Frankfurt School: Its history, theories and political significance* (M. Robertson, Trans.; Reprinted). Polity Press.
Williamson, T. (2022). *The philosophy of philosophy* (Second edition). Wiley Blackwell.
Zannos, S. (2005). *The life and times of Socrates*. Mitchell Lane Publishers.

Biografi Penulis

Penulis, lahir pada tahun 1987, di Situbondo, Indonesia, adalah seorang sarjana dengan dedikasi pada bidang filsafat dan sosiologi. Perjalanan akademisnya dimulai di Universitas Muhammadiyah Malang, tempat ia meraih gelar sarjana (S.Sos) dan magister (M.Si) di bidang sosiologi, menyelesaikan program ini antara tahun 2006 dan 2012. Didorong oleh hasrat untuk penyelidikan filosofis yang lebih mendalam, penulis melanjutkan studi doktoralnya di Universitas Gadjah Mada, tempat ia mengkhususkan diri dalam filsafat. Hasil disertasinya menghasilkan publikasi ilmiah yang membahas tentang pemikiran eksistensialisme. Menyelesaikan gelar Doktoral pada tahun 2021, sejak saat itu ia tertarik berkontribusi pada bidang akademis dan intelektual, memadukan kepekaan sosiologis dengan ketelitian filosofis. Kontribusinya terwujud dalam berbagai buku, seperti: Filsafat Teknologi Martin Heidegger: Membongkar *Gestell*, Menemukan *Ereignis* (2025), *The Abyss And The Ascent* (2025), *At the Edge of Being: Dialogues on the Unspoken House* (2025), dan Buku Ajar Ilmu Kalam (2025), Buku Referensi Sosiologi Globalisasi: Perspektif Kritis (2025).

www.ingramcontent.com/pod-product-compliance
Lightning Source LLC
LaVergne TN
LVHW010058061026
849532LV00007BA/2447